Meine Tochter & ich

AF210223

Mein Kind wird erwachsen,

und ich bin reif für die

Klapsmühle!

Anna S. Nesor

Impressum

Das Urheberrecht des Coverfotos liegt bei Anna S. Nesor

Bibliografische Information der Deutschen
Nationalbibliothek:
Die Deutsche Nationalbibliothek verzeichnet diese
Publikation in der Deutschen Nationalbibliografie; detaillierte
bibliografische Daten sind im Internet über http://dnb.dnb.de
abrufbar.

© 2024 Anna S. Nesor

Lektorat: Anna S. Nesor
Korrektorat: El Fred
weitere: Jeannine T. Nesle

Herstellung und Verlag: BoD – Books on Demand,
Norderstedt

ISBN: 978-3-7583-7336-7

WIDMUNG

Dieses Buch widme ich meiner geliebten Tochter Janie, die mich zwar schon einige Male zur Weißglut getrieben hat, die ich aber dennoch mehr als alles Andere auf der Welt liebe!

Janie, du hast mein Leben bereichert wie niemand sonst, es komplett auf den Kopf gestellt und ihm erst einen wirklichen Sinn gegeben. Durch dich habe ich gelernt, viele Dinge aus einem anderen Blickwinkel zu betrachten und Einiges gelassener hinzunehmen.

Egal was war oder kommt; eines wird sich nie ändern:

DREAM TEAM FOREVER!!!

Ich bin sehr stolz auf dich und dankbar, deine Mutter sein zu dürfen!

Inhaltsverzeichnis

Widmung..4

Einleitung..8

Wie alles begann 10

Kapitel 1..13

KAPITEL 2...18

KAPITEL 3...26

KAPITEL 4...31

KAPITEL 5...37

KAPITEL 6...45

KAPITEL 7...52

KAPITEL 8...57

KAPITEL 9...59

KAPITEL 10...63

KAPITEL 11...66

KAPITEL 12...72

KAPITEL 13...76

KAPITEL 14...82

KAPITEL 15...85

KAPITEL 16...90

KAPITEL 17...94

KAPITEL 18...99

KAPITEL 19...105

KAPITEL 20...108

KAPITEL 21...112

KAPITEL 22...126

Epilog..127

EINLEITUNG

Mein Name ist Anna S. Nesor.
Ich wohne im westlichsten Kreis Deutschlands, bin inzwischen erschreckende fast fünfundfünfzig Jahre alt, verheiratet, Hausfrau und Mutter einer zweiundzwanzigjährigen Tochter namens Janie.

Ich liebe es, Mutter zu sein und würde niemals mehr ohne meine Tochter sein wollen, aber sehr häufig ist es unsagbar schwer!

Geht es dir auch so???

Klar, Janie war (und ist!!!) ein absolutes Wunschkind!
Und natürlich war mir von Anfang an sonnenklar, dass es auch weniger harmonische Phasen in unserem Miteinader geben wird.

Das Kind wird eines Tages in die Pubertät kommen und vielleicht aufmüpfig werden, aus Prinzip vielleicht immer die gegenteilige Meinung von meiner vertreten und mich plötzlich - quasi über Nacht - als peinlich oder altmodisch empfinden.

Na und, das geht doch auch schnell wieder vorbei!!!Das sitze ich locker aus, lächele es souverän weg, und ruck zuck ist alles wieder wie vorher oder gar noch besser und wir lachen gemeinsam über diese Zeit.

Dachte ich!!!

Ich weiß ja nicht, wie du das Erwachsenwerden deines Kindes (oh, du hast mehrere? Respekt!) erlebt beziehungsweise ÜBERlebt hast, aber ich muss mir meine Zweifel, Sorgen, Ängste und all den Frust der letzten Jahre einfach einmal von der Seele schreiben.

Du weißt ja: Geteiltes Leid ist halbes Leid, und ich teile von Natur aus sehr gerne!

Also lehne dich entspannt zurück, nimm dir gerne ein wenig Nervennahrung deiner Wahl und leide mit mir. Vielleicht erkennst du dich ja in der einen oder anderen Passage selbst wieder?!

Viel Spaß wünscht dir deine

Anna S. Nesor

WIE ALLES BEGANN ...

Damit du etwas im Bilde bist, berichte ich in Kurzform von den ersten Jahren meines gemeinsamen Lebens mit Janie.

Die Schwangerschaft und die Geburt verliefen absolut vorbildlich und ohne auch nur das kleinste Problem und Janie kam sogar als Sonntagskind zur Welt. Super, erste Hürde locker genommen!

Bange Minuten direkt nach der Geburt während der ersten ärztlichen Begutachtung, aber Entwarnung: das Kind ist kerngesund und putzmunter! Mensch, was war ich glücklich. Zweite Hürde locker genommen! So kann es weitergehen mit unserem künftigen Zusammenleben.

Aber hey, was war das denn? Anscheinend fand Janie entweder ihre neue Umgebung außerhalb meines Bauches oder die Leute um sie herum oder schlimmer noch: MICH echt Sch..., denn ihre erste Amtshandlung in dieser neuen Welt war die Ablage vom Kindspech auf meinem Oberkörper! Na danke auch, **so** schlimm bin ich nun wirklich nicht.

Aber Schwamm drüber, was muss das muss und ich war natürlich von der ersten Sekunde an total verzückt von diesem kleinen Geschöpf. Kennst du sicher auch, oder?

Was soll ich sagen: Ab dem ersten Tag verlief unser gemeinsames Leben glücklich, harmonisch und absolut reibungslos. Janie wuchs langsam (und doch viel zu schnell für mich!) heran und kaum geboren, war sie schon vier Jahre alt und besuchte vormittags einen Kindergarten. Super, nächste Hürde locker genommen. Weiter geht's.

Einen Tag vor ihrem sechsten Geburtstag wurde das Kindergartenkind zum I-Dötzchen und freute sich wie Bolle. Endlich lesen, schreiben und rechnen lernen. Janie war eine sehr gute Schülerin(und ich gebührend stolz) und schloss die Grundschule mit fantastischen Noten ab. Super, schon wieder eine Hürde locker genommen. Junge Junge, das geht ja wie am Schnürchen und das beste ist: unser Zusammenleben ist immer noch fast ausschließlich harmonisch, lustig, voller Liebe und mit ganz viel Spaß! Na, wenn ich kein Glückskind bin. Was soll da noch schiefgehen? Dachte ich...

Zehn Jahre waren schon vergangen, und ich war so blauäugig zu denken, dass es immer so schön und reibungslos weitergeht, doch mit circa zwölf Jahren veränderte sich meine Tochter von einem Tag auf den anderen. Aus dem lieben Püppchen wurde allmählich ein immer häufiger meckerndes Pubertier, und plötzlich schienen wir zwei vollkommen unterschiedliche Sprachen zu sprechen!

Immer häufiger gab es Streit zwischen uns und ich hatte das Gefühl, dass wir uns immer weiter voneinander entfernen. Ja, natürlich hatte ich schon unzählige Horrorgeschichten von Pubertier-Eltern gehört und nach dem ersten Schock, dass es bei uns jetzt auch soweit war, entspannte ich mich wieder.

Anna, denke daran: das geht schnell wieder vorbei, also gute Miene zum bösen Spiel machen und locker flockig zur Tagesordnung übergehen...

Wie ich schon schon eingangs erwähnt habe, ist Janie inzwischen zweiundzwanzig Jahre alt, und vorbei ist es immer noch nicht!

Ich erzähle dir einfach einmal, wie unser gemeinsames Leben so abläuft seit Beginn der Pubertät...

KAPITEL 1

Janie war im achten und neunten Schuljahr leider sehr nennen wir es doch uninteressiert, was immer wieder zu ausschweifenden Diskussionen zwischen uns beiden führte. Und tatsächlich fast ausschließlich zwischen uns beiden, denn bei Papa war sie meistens wie ausgewechselt! Na danke auch, das war nicht fair. Warum war ich immer der emotionale Fußabtreter? Warum musste ich bei allen Dingen immer daran glauben?

Zu der Zeit fing es an, dass ich mich immer öfter abends in den Schlaf geweint habe. Natürlich heimlich, still und leise.

War ICH schuld?

Was machte ICH falsch?

Habe ich die falsche Einstellung oder eine völlig falsche Sichtweise der Dinge?

Bin ICH zu streng? Oder zu nachlässig?

Mische ICH mich zu sehr in ihr Leben ein?

Bin ICH zu neugierig?

Sehe ICH sie noch zu sehr als das kleine Mädchen?

Geht es den anderen Müttern auch so?

Fragen über Fragen...

Ich führte unzählige verzweifelte Gespräche mit meinen Freundinnen (selbst Mütter von gleichaltrigen Kindern, meist auch Mädchen) und auch anderen Müttern und stellte fest: einige hatten die gleichen Probleme, andere wesentlich weniger und einige wenige blieben vollends verschont von Pubertieren.

Wie unfair! Dabei war ich immer so stolz darauf gewesen, dass es meine Tochter nur fröhlich, lachend, zufrieden, herzlich, liebevoll, hilfsbereit und verständnisvoll gab! Wo war das alles hin? Hatte Janie mit Eintritt in die Pubertät all das fröhlich winkend irgendwo abgelegt und litt plötzlich unter extremer Demenz, sodass sie nicht mehr wusste wo? Gespräche mit ihr brachten rein gar nichts außer bestenfalls den nächsten Streit, und natürlich war sie sich nie einer Schuld bewusst.

Hatte sie vorher immer gerne und ohne zu murren bei Kleinigkeiten geholfen, war ihr plötzlich alles zu viel.

War sie vorher immer dankbar und mit allem zufrieden, stellte sie plötzlich Ansprüche ohne Ende und akzeptierte kein „nein" mehr.

War sie vorher immer eine fleißige und sehr gute Schülerin, sah sie plötzlich keinen Sinn mehr in nervigen Aktionen wie Hausaufgaben, Vokabeln lernen oder ähnlichem.

Kontrolle meinerseits durfte auch keine mehr stattfinden, und das Ergebnis war ein blauer Brief in Englisch im ersten Halbjahr der neunten Klasse!

Kannst du dir vorstellen, wie mir das den Boden unter den Füßen weggezogen hat?

Von ursprünglich Note 1 bis 2 im Wechsel auf einmal auf 5 bis 6!? Wie bitte??? Sämtliche wöchentlichen Vokabeltest zwischen 4 und 6?! Aha, von wegen „natürlich habe ich gelernt"... alles nichts als eine einzige Lüge. Zur Kenntnis genommen. Und auch in anderen Dingen stellte ich fest, dass ich immer häufiger absolut grundlos angelogen wurde.

Ich habe mich immer hilfloser gefühlt und wusste einfach nicht mehr weiter.

Früher war meine Tochter doch immer ein offener und ehrlicher Mensch. Wir konnten über alles reden, und ihr Umfeld hatte sich auch nicht geändert. Sie hatte seit dem Kindergarten immer noch die gleichen Freundinnen und auch sonst noch den gleichen Umgang. Daran lag es also nicht.

Ich dachte, mein schönes Leben entgleitet mir vollkommen!

Lange Rede, kurzer Sinn: der blaue Brief war für Janie dann anscheinend ein Warnschuss, und sie hat sich wieder mehr aufs Lernen konzentriert und bestand mit noch fünfzehn Jahren zu unserer großen Überraschung und unglaublicher Erleichterung ihren Schulabschluss auf der Realschule mit Gymnasialqualifikation. Na geht doch, toll gemacht. Und wieder eine Hürde genommen!

Für meine Tochter stand allerdings seit circa zwei Jahren schon fest, dass sie nach der zehnten Klasse die Schule nicht weiterführen wollte. Sie war fest entschlossen, eine Ausbildung zur Altenpflegerin zu machen. In Ordnung, denn schließlich ist es ihr Leben, und für welchen Beruf auch immer sie sich entscheidet: SIE muss ihn ausüben, und ihr muss er Spaß machen. Bei mir war es damals noch etwas anders... Das Kind (also ICH) sollte es einmal besser haben, und mit den Schulnoten und der Intelligenz kam nichts Anderes in Frage als Bankerin oder in einer Behörde... Ich habe mich also seinerzeit für letzteres entschieden, aber wirklich glücklich war ich damit nicht. Ich habe daraus gelernt, deshalb haben wir Janie nicht in die Berufswahl reingeredet.

Und schon kamen die nächsten Probleme:

Mit noch fünfzehn Jahren war es nicht möglich, eine Ausbildung zur Altenpflegerin zu beginnen. Dies war erst ab frühestens siebzehn Jahren möglich! Da half es auch nicht, dass sie schon seit über zwei Jahren als Schulsanitäterin gearbeitet und außerdem bereits mit knapp fünfzehn den Rettungshelferschein beim Deutschen Roten Kreuz gemacht hatte.

War das ein Drama, und wieder einmal musste ich beim Frust von Fräulein Tochter herhalten.

Ja mein Gott, was kann ich denn bitteschön für die Gesetze unseres Landes? Habe ich sie etwa verabschiedet? Und ganz nebenbei bemerkt, finde ich zumindest dieses Gesetz gar nicht so verkehrt. Von wegen Jugendschutz, psychische und körperliche Belastung, Nachtarbeit und so weiter. Aber erkläre das bitte einmal einer sturen aufmüpfigen Fünfzehnjährigen!!!

Nach einigen nervenaufreibenden Wochen mit ich weiß nicht mehr wie vielen Bewerbungen (trotz ihres jungen Alters, denn geht nicht gibt's nicht!), Telefonaten ohne Ende mit Gott und der Welt (natürlich geführt von mir, wobei ich immer und überall wieder ihre wilde Entschlossenheit zum Ausdruck brachte) fanden wir eine Lösung, die auch unsere Prinzessin zufrieden stellte: sie begann ein freiwilliges soziales Jahr in einem Altenheim! Tadaaaaa! Hurra! Jubel!

Kleine Anmerkung am Rande: dies war nur möglich, da Janie seit Jahren aktives Mitglied beim Jugend-Rotkreuz und das Deutsche Rote Kreuz Träger des sogenannten FSJ war. Egal, wir haben schon wieder eine Hürde genommen! Wer hätte das gedacht?

Ich muss ehrlich gestehen, dass die Hürden vom Schulabschluss und dem Beginn des FSJ wahnsinnig schwer und beinahe gefühlt schon viel zu hoch waren.

Wie sollte das erst in Zukunft werden?

Ruhig Blut Anna, habe ich mir gesagt. Janie wird immer älter, und bald ist sie sechzehn und aus dem Pubertier wird ganz bald bestimmt wieder meine Tochter, wie ich sie in bester Erinnerung habe. Das bekommen wir ganz locker auch noch hin...

Ganz locker? Wirklich? Du meine Güte, was war ich doch naiv und blauäugig! Aber lies selbst...

KAPITEL 2

Anfangs war Janie noch voller Elan und Enthusiasmus bei der Sache und hellauf begeistert. Ach wie toll es doch war, den netten Senioren und Seniorinnen bei den für sie schwierig gewordenen alltäglichen Dingen zu helfen. Auf Anhieb hatte sie einen mehr als nur guten Draht zu den „Omis" und „Opis", wie sie sie liebevoll nannte wenn sie von ihnen und ihrem Arbeitstag sprach. Betten machen, Körperpflege, Essen anreichen, mit den Leuten basteln, singen, kochen und soviel mehr... nichts war ihr zu viel und sie war sich absolut sicher, die perfekte Richtung für ihren beruflichen Werdegang eingeschlagen zu haben. Alles war super und hätte so bleiben können. Wenn...

Ja, wenn...

Die meisten Kolleginnen und Kollegen waren sehr nett, erklärten gerne und führten Janie behutsam in das vollständig neue Aktivitätenfeld ein. Und alle waren sehr erstaunt, dass sie in diesem Alter schon so vehement ihre Ziele verfolgte. Es gab nur ein „kleines" Problem, und das war die zuständige Stationsleitung, die meiner Tochter bei jeder sich bietenden Gelegenheit das Leben zur Hölle machte. Vom ersten Tag an war sie mit wirklich gar nichts zufrieden. Dann war etwas nicht schnell genug, dann war sie zu schnell, dann war etwas nicht ordentlich genug, dann war sie zu freundlich zu den Bewohnern...

Die gute Frau behandelte Janie wie eine bereits fertig ausgebildete examinierte Altenpflegerin, und auch nach Gesprächen mit ihr änderte sich nichts.

Gut ein halbes Jahr lang zog meine Tochter das FSJ trotzdem durch, immerhin gab es ja mehrere willkommene Unterbrechungen durch mehrtägige Seminare und Fortbildungen beim Jugend-Rotkreuz. Diese Tage waren auch für mich eine Wohltat, denn Zuhause musste natürlich ich den aufgestauten Frust immer aushalten und Janie´s Launen ertragen. Na klar, einer muss ja immer herhalten, und wer bietet sich da besser an als die liebe Mama?!

Als es langsam unerträglich für alle wurde, das Fräulein Tochter aber dennoch irgendwie oder irgendwo ihr FSJ auf Biegen und Brechen weiterführen wollte bis zum Ende, musste eine Alternative her.

Händeringend suchten wir alle gemeinsam nach einer Lösung und fanden sie in Form einer Behindertenwerkstatt der Lebenshilfe. Dort konnte sie nahtlos weitermachen und fühlte sich sehr wohl. Auch mit diesen Menschen samt den Betreuern kam sie bestens klar, und so führte sie das FSJ ein komplettes Jahr durch.

Yippie ya yeah Schweinebacke, und wieder einmal eine Hürde genommen, wenn auch in Form einer emotionalen Achterbahnfahrt.

Inzwischen war Janie ja schon sagenhafte fast siebzehn Jahre alt, und da sie schon Einiges in ihrem Lebenslauf vorzuweisen hatte war es ihr tatsächlich gelungen, schon einen Ausbildungsplatz in einem Seniorenheim zu ergattern. Und das auch noch in ihrem absoluten Wunschheim! Wahnsinn, noch eine Hürde genommen und alles ist gut! Läuft...

Endlich kommen wir wieder in ruhigere Fahrwasser, und ich kann mich entspannt zurücklehnen und muss nur noch zusehen, wie meine fast erwachsene Tochter ihr Leben lebt.

Wir werden wieder mehr Spaß zusammen haben, fröhlich sein und ich brauche einfach nur noch drei Jahre lang auf das Ausbildungsende warten und dann voller Stolz verkünden, dass meine Tochter mit gerade einmal noch unter zwanzig eine fertige, examinierte Altenpflegerin ist.

Herrlich!!!

Aber soll ich dir etwas sagen?

Pustekuchen! Ich hatte meine Rechnung leider ohne die Stationsleitung im neuen Heim gemacht! Die erste Woche war noch alles gut, dann begannen die Probleme. Vom Jugendschutzgesetz hatte die Dame entweder noch nie etwas gehört, oder sie wollte sich einfach nicht daran halten. Janie sollte (obwohl unter achtzehn strikt verboten) bis zweiundzwanzig oder gar dreiundzwanzig Uhr arbeiten, kurze Wechsel machen von Spätdienst auf

Frühdienst, die in der Pflege üblichen zwölf Tage hintereinander arbeiten und so weiter.

Natürlich hat sie erst einmal die Füße stillgehalten und nach einigen Wochen ein freundliches Gespräch gesucht. Heißt es nicht immer „sprechenden Leuten kann geholfen werden"?

Nicht immer, wie wir leider erneut feststellen mussten.

Nach Ansicht der Stationsleiterin wäre Janie dann nicht für diesen Beruf geeignet und wenn es nach ihr ginge, würden eh ausschließlich Auszubildende erst ab zwanzig Jahren eingestellt werden!

Aha, dumm nur, dass die Heimleitung da anderer Meinung war.

Was soll ich sagen...

Obwohl wirklich alle anderen Personen mit den Leistungen meiner Tochter vollauf zufrieden waren setzte ihre Vorgesetzte sich so lange und so intensiv bei der Heimleitung gegen ihre Anstellung ein, dass völlig aus dem Nichts heraus zwei Tage vor Heiligabend und acht Tage vor dem Ablauf der Probefrist eine Kündigung mit den besten Wünschen für die Zukunft überreicht wurde (aber natürlich erst, nachdem sie an diesem Tag noch ihren kompletten Dienst absolviert hatte)!

Weinend rief meine Tochter an und bekam kaum ein Wort raus. Ich konnte sie nicht verstehen und fragte mehrmals nach. Als ich ihre Worte dann verstanden hatte, tat sich der Boden unter meinen Füßen auf!

BOING!

PENG!

ZACK!

Ich musste kurz das gerade Gehörte sortieren...Hatte ich das wirklich richtig gehört?

KÜNDIGUNG???

Im ersten Ausbildungsjahr am Ende der Probezeit?

Und so kurz vor Weihnachten?

Das durfte es doch nicht geben!

Mir wurde schwarz vor Augen und mein Herz begann zu stolpern und zu rasen. Ich bekam kaum noch Luft und hatte das Gefühl, gerade einen Herzinfarkt zu erleiden!

Oh nein, bitte nicht! Das konnte ich nun wirklich nicht gebrauchen!

Hallo, ich bin doch ihre Mutter und musste funktionieren und für sie da sein.

Ich musste sie abholen und auffangen und trösten.

Ich musste ihr Mut zusprechen und daran erinnern, niemals aufzugeben und für seine Wünsche zu kämpfen.

Ich musste ihr klarmachen, dass es nicht an ihr lag sondern an ihrem Alter und dass sie bei den Qualifikationen sicher woanders ihre Ausbildung weiterführen könnte.

Ich musste…

Verflixt, wie sollte ich mich jetzt noch auf Weihnachten freuen? Meine kleine Welt war ein einziger Scherbenhaufen und ich wusste nicht mehr weiter. Aber durfte ich das meiner Tochter sagen? Natürlich nicht!

Also habe ich mehrmals tief ein- und ausgeatmet, meine Krone gerichtet und bin zusammen mit meinem Mann zu unserem Kind gefahren.

Egal, was auch immer passiert… Wir sind eine Familie, wir halten zusammen wie Pech und Schwefel und mussten Janie verdammt nochmal wieder aufbauen!

Nachdem wir wieder Zuhause waren, haben wir ein langes Gespräch bei einer heißen Schokolade geführt (das hilft ja fast immer, bei dir auch?), die Ärmel hochgekrempelt und sofort hat das arme Kind einige Bewerbungstelefonate geführt.

Und was soll ich sagen? Gleich am nächsten Tag hatte sie ein Bewerbungsgespräch bei einer ambulanten Pflegestation, schilderte offen und ehrlich die Gründe für ihre Kündigung, legte ihre ganzen Zeugnisse sämtlicher Praktika, Weiterbildungen beim Jugend-Rotkreuz, dem FSJ und was sie sonst noch anzubieten hatte vor und dem Chef fiel vor Erstaunen die Kinnlade herunter.

So etwas hatte er in dem Alter noch nie gesehen, und zack hatte sie - nachdem wir unsere Zustimmung gegeben hatte weil ja noch minderjährig - nahtlos einen Platz zur Weiterführung ihrer Ausbildung!

Puuuh!

Die Zukunft meiner Tochter war gerettet und ganz nebenbei auch unser friedliches Weihnachtsfest.

Aber mal ehrlich: musste diese Aufregung denn nun wirklich sein? Hatte ich nicht schon genug gelitten in den letzten Jahren? Ich hatte doch nur den Wunsch, endlich wieder ein gemütliches und ruhiges Leben führen zu können. So ganz ohne große Aufregungen, ohne Streit oder Diskussionen oder andere negativen Vorkommnisse.

Kannst du mich verstehen? Das alles musste doch langsam endlich wieder aufhören, oder?

Jetzt habe ich nur dieses eine Kind und leide inzwischen seit Jahren immer und immer wieder.

Früher habe ich über den Satz „kleine Kinder kleine Sorgen, große Kinder große Sorgen" immer nur laut gelacht und gedacht, was für ein Blödsinn. Mittlerweile musste ich meine Einstellung leider zu einhundert Prozent revidieren und frage mich immer öfter, was da wohl noch alles auf mich zukommen wird.

An einigen Dingen war sie unschuldig, viele andere Probleme hat sie höchstpersönlich heraufbeschworen.

Und immer noch habe ich nachts heimlich in mein Kopfkissen geweint und mich gefragt ob sie weiß, wie sehr ich oft leide und wie verzweifelt ich oft bin.

Wahrscheinlich ist ihr das alles ja gar nicht bewusst. Verständlich in den jungen Jahren, aber ich denke natürlich weiter und mache mir über Jedes und Alles meine Gedanken.

Aber erst einmal lasse ich sie ihre Ausbildung weitermachen und hoffe einfach, dass ab jetzt alles glatt läuft.

Wird es so sein?

Sei gespannt und erlebe den Wahnsinn des Erwachsenwerdens meiner Tochter und meine damit verbundenen Leiden weiter mit mir...

KAPITEL 3

Die Weiterführung der Ausbildung meiner Tochter im ambulanten Pflegedienst verlief erstaunlicherweise völlig reibungslos und alle waren vollauf zufrieden. Die Berufsschule im Blockunterrichtverfahren gefiel Janie sehr gut, und sie hängte sich voll rein. Ach, seit wann lernte sie denn wieder so gerne und mit so einem Eifer? Hatte ich irgendetwas verpasst? Nun ja, mir sollte es recht sein.

Auch ihr Chef war äußerst zufrieden und konnte einfach nicht verstehen, warum man ihr an ihrer alten Wirkungsstätte gekündigt hatte.

Endlich durfte ich wieder so richtig stolz sein. So kann es doch weitergehen...

Ging es.

Janie hatte seit einiger Zeit ihren ersten „richtigen" festen Freund, und ich war mit ihrer Wahl mehr als nur zufrieden. So ein netter junger Mann. Er passte hervorragend zu unserer Familie und fügte sich sehr schnell ein. Innerhalb kürzester Zeit gehörte er einfach mit dazu, und meine Tochter hatte dauerhaft eine rosarote Brille auf der Nase.

Wir nahmen ihn mit in den Urlaub, er verbrachte Geburtstage, Weihnachten und andere Festivitäten mit uns gemeinsam und Janie hatte ihr Strahlen und ihre gute Laune wiedergefunden.

Während ich alles ganz entspannt vor sich hin plätschern ließ, bahnte sich allerdings schon das nächste Unwetter an, ohne dass ich es anfangs bemerkte.

Mein neu gewonnener „Sohn" hatte vor einigen Jahren seine Mutter verloren, und mit seinem Vater und besonders dessen neuer Lebensgefährtin kam er gar nicht klar. Aber auch junge Männer im Alter von zwanzig Jahren suchen hin und wieder einmal ein Gespräch oder brauchen einen elterlichen Rat, und so saß er öfters bei mir oder uns in der Wohnküche am Tisch und redete sich seine kleineren und größeren Probleme von der Seele. Ich fühlte mich sehr geehrt, denn selbstverständlich hatte ich zu keinem Zeitpunkt versucht, ihm seine Mutter zu ersetzen.

Ich habe mir auch gar nichts dabei gedacht, aber eine Person machte von Mal zu Mal ein größeres Drama daraus: Meine Tochter!!!

Hallo, was ist denn jetzt schon wieder los?

Wieso zickt sie mich und ihren Freund aus heiterem Himmel so an?

Was bitte haben wir ihr getan?

Dürfen wir nicht miteinander reden? Setz dich doch einfach zu uns!

Wieso „nein, will ich nicht"?

So ging es immer wieder, sobald ihr Freund sich an den Tisch setzte. Und immer gefolgt von wütendem Gestapfe zwei Treppen hinauf mit Geräuschen, als wäre eine ganze Elefantentruppe bei uns im Haus eingefallen. Peng, die Türe war zu. Das hatten wir doch seit Jahren (fast) nicht mehr gehabt.

Hilfe, wo bitte gibt es das Fremdsprachenlexikon „Tochter - Mutter"???

Oder den Ratgeber „Heranwachsende Töchter verstehen leicht gemacht"???

Sehr großes Interesse hätte ich auch an einem „Mutter-Tochter-Führerschein". !!!

Ich stand wieder einmal kurz vor einem Nervenzusammenbruch.Kennst du auch? Prima, willkommen im Club. Kennst du nicht? Kommt sicher noch, oder du hast einfach nur unfassbares Glück oder eine XXL-Familienpackung Nerven gehabt.

Mir ging beides leider vollends ab, also musste ich wieder einmal dadurch und nach Gründen und/oder Lösungen suchen für ein Problem, welches für mich persönlich an sich gar keines war.

Super, wo sollte ich da schon wieder ansetzen? Also Brainstorming vom Feinsten betrieben, nächtelang wachgelegen und gegrübelt, unzählige Eventualitäten durchdacht,...

Ach so, ich glaube mir dämmert es: ist die Tochter möglicherweise eifersüchtig?! Ja, ich glaube daher weht der Wind!

Oh nein, ich war total entsetzt bei dieser Vorstellung.

Mein liebes Kind, wie kommst du auf so eine Idee? Ich bin deine Mutter, sehr glücklich mit deinem Vater verheiratet und habe nun wirklich anderes im Sinn als dir deinen Freund auszuspannen.

Mir gingen die wildesten Gedanken durch den Kopf, und erneut war ich voller Selbstzweifel. Traute mein eigenes Kind, mein Fleisch und Blut mir so etwas wirklich zu? Wusste sie denn nicht, was sie mir bedeutete und dass ich alles FÜR sie tun würde und mit Sicherheit nichts GEGEN sie?

Lag es an mir oder an ihrem Freund? Verstand sie nicht, dass er keine Eltern zum Reden hatte und dafür gerne einen Ratschlag von uns erbat?

Ich kann heute nicht mehr sagen, wie viele Gespräche ich diesbezüglich mit ihr geführt habe, aber damals stritt sie alles immer nur ab.

Erst kürzlich gab sie zu, dass sie zu der Zeit schlicht und ergreifend nur sauer war, dass ihr nicht die ganze ungeteilte Aufmerksamkeit ihres Freundes zuteil wurde.

Sonst war da nichts? Man oh man, und dafür habe ich mir so lange einen Kopf gemacht? Unglaublich! Im Nachhinein frage ich mich ernsthaft, warum sie nicht früher mit dieser simplen Begründung herausgerückt ist... Wahrscheinlich lag auch das an ihrem noch sehr jungen Alter und der noch mangelnden Lebenserfahrung und der Erkenntnis dass es nicht schlimm ist, wenn man nicht immer in allen Lebenssituationen die erste Geige spielt.

Mein Fazit: zumindest hat sie inzwischen schon Einiges dazu gelernt und sieht viele Dinge mittlerweile klarer.

Toll, eine weitere Hürde - wenn auch sehr verspätet - genommen.

KAPITEL 4

Mit der Zeit normalisierte sich alles wieder, und das Leben nahm seinen Lauf. Und dann kam Corona!

Von einem Tag auf den anderen stand die Welt Kopf und nichts war mehr wie vorher. Keiner wusste, was los war oder wie man mit der Situation umgehen sollte.

Wir hatten bei uns im Landkreis auch noch das Pech, dass wir der erste Corona-Hotspot der ganzen Bundesrepublik Deutschland waren. Auf diese fragwürdige Berühmtheit hätten wir alle liebend gerne verzichten können, aber es war nun einmal Fakt. Alle Menschen waren überfordert und hochgradig verunsichert. Wie sollten wir damit umgehen? Wie gestaltete sich das weitere Leben? Was mussten wir jetzt beachten, und was durften wir noch? Wir hatten Glück im Unglück, denn unser fantastischer Landrat trat sehr schnell via täglicher Videobotschaft mit den Menschen in seinem Landkreis in Kontakt und hielt uns alle auf dem Laufenden. Gemeinsam mit seinem Krisenstab fällte er schnelle und effektive Entscheidungen, auf die bundesweit eine gigantische Resonanz folgte und die ihn zu einem gerngesehenen TV-Star in Talkshows machte.

So weit, so gut., Aber half uns das auch bezüglich der Arbeitssituation in der Pflege? Seinerzeit kam wirklich extreme Panik in mir hoch.

Du musst wissen, dass ich erstens noch meine alten, kranken Eltern sechs Häuser neben mir wohnen habe, die zweifelsohne zur Hochrisikogruppe zählten und äußerst gefährdet waren. Außerdem plage auch ich mich seit Jahren mit einigen Krankheiten herum und galt als sehr gefährdet.

Für meine Tochter bedeutete arbeiten ab sofort, sich vor jedem einzelnen Patienten zu desinfizieren, komplette Schutzbekleidung anzulegen, bestehend aus Kittel, Handschuhen, Haube und OP-Maske. Dann Patient pflegen oder teilweise auch nur Tabletten stellen oder Kompressionsstrümpfe an- beziehungsweise ausziehen, alles entsorgen, desinfizieren, weiterfahren und vor dem nächsten Patienten das gleiche Spiel...

Das alles war extrem anstrengend und zehrte an Janie´s Nerven, und sicher kannst du dir denken, wer wieder darunter zu leiden hatte?! Logisch, die Mutti!!!

Erschwerend zu den beruflichen Belastungen kam noch das Kontaktverbot hinzu. Janie und ihr Freund durften sich nicht mehr sehen, was für beide nur sehr schwer zu einzusehen war. Konnte ich gut nachvollziehen. Arbeiten gehen sollten und durften sie, aber sich zu sehen war verboten? Jeder brauchte doch in dieser schweren Zeit einen Halt. Etwas Positives und ein kleines Licht am Ende des Tunnels. Aber statt einer schnellen Besserung wurde es täglich schlimmer und extremer. Wir alle haben unsagbar gelitten.

Mein persönlicher Tiefpunkt war mein fünfzigster Geburtstag, der mitten in den ersten Total-Lockdown fiel. Noch nicht einmal meine geliebten Eltern kamen persönlich vorbei, sondern wir telefonierten und sie warfen eine liebevolle Karte in unseren Briefkasten. Es war der traurigstes Geburtstag meines Lebens, und das ausgerechnet als ich das halbe Jahrhundert vollendete. Er wird mir wohl für immer in sehr trauriger Erinnerung bleiben!

Und trotzdem habe ich ununterbrochen weiter funktioniert und versucht, meine Tochter irgendwie bei Laune zu halten. Dies war absolute Schwerstarbeit, denn zu den körperlichen und psychischen Strapazen kamen auch noch andere Dinge. Durch das ganztägige Tragen der OP-Masken litt die Haut sehr und das vorher bildhübsche Gesicht war übersät mit dicken Pickeln. Nichts half, denn die Haut hatte ja keine Ruhe sich zu regenerieren. Dieses optische Makel kratzte noch zudem an ihrem Selbstbewusstsein. Was sollte der Freund denn denken, wenn man sich eines Tages wieder treffen durfte??? Es war schrecklich.

Ein weiteres Problem von Corona war die Berufsschule. Homeschooling hieß das neue Zauberwort. In der Theorie eine gute und vernünftige Sache, die in der Praxis jedoch zum Scheitern verurteilt war. Die Schule war technisch nicht auf so eine Situation vorbereitet, und die Schüler standen alle unmittelbar vor ihrer Zwischenprüfung.

Und jetzt? Sollte unsere nächste Hürde, nämlich die Beendigung der Ausbildung mit einem Examen an nicht vorhandenen technischen Voraussetzungen scheitern? Aus der Verzweiflung heraus wurde seitens der Schule eine „fantastische" Idee geboren: Die Schüler kamen zu bestimmten Zeiten einzeln zur Schule, bekamen ausgedruckte Aufgaben für eine ganze Woche ausgehändigt und durften nach fünf Minuten wieder fahren. Einfache Fahrstrecke circa fünfundzwanzig Kilometer für fünf Minuten, passt...

Am Ende einer jeden „Schulwoche" sollten die Schüler ihre bearbeiteten Aufgaben per Email an die Schule übermitteln, doch auch das funktionierte leider nur in der Theorie. Janie hat in dieser Zeit immer noch sehr ehrgeizig gelernt, doch lange stand nicht fest, ob das Examen zum geplanten Zeitpunkt anderthalb Jahre später überhaupt stattfinden wird.

Im nächsten Schulblock gab es ein anderes Verfahren: eine Hälfte der Schüler kam in einer Woche vormittags, die Anderen nachmittags. In der kommenden Woche wurde gewechselt. Da man seitens der Schule Bedenken hatte, dass die Schüler sich absprechen könnten wurden in den verschiedenen Gruppen unterschiedliche Klausuren geschrieben. Hier Zuhause wurde sich schrecklich aufgeregt, und rate, wer den Unmut darüber und die schlechte Laune darüber ertragen musste...

Die Schule hatte sich zum Ziel gesetzt, das Examen im geplanten zeitlichen Rahmen durchzuführen. Gute Idee, allerdings war die praktische Prüfung an Personen wegen Corona auch am Ende der Ausbildung noch nicht erlaubt. Kein Problem laut Schule, denn es gibt ja eigens zu Übungszwecken entsprechende Puppen. Stimmt schon, doch leider enthalten alle diese Puppen den Inhaltsstoff Latex, und dagegen ist Janie hochgradig allergisch!

Oh nein, was jetzt??? Liebe Hürde, ich habe dich doch schon fest eingeplant.

Wie sollte meine gebeutelte Tochter denn jetzt die praktische Abschlussprüfung ablegen? Hatte sich außer uns da vielleicht jemand Gedanken drüber gemacht? Wahrscheinlich nicht, warum auch?! Da half nur scharf nachdenken und kreativ werden. Laut Regelwerk darf aus hygienischen Gründen nur kurzärmelig gepflegt werden. Da bei Janie aber jeglicher Körperkontakt zum Erzfeind Latex vermieden werden musste, wurde netterweise eine Ausnahmeerlaubnis erteilt. Am Tag der praktischen Prüfung hatte es zwar über 30 Grad im Schatten, doch sie pflegte mit langärmeligem Oberteil und zwei Paar Handschuhen übereinander. Hat alles trotzdem hervorragend geklappt und man kann guten Gewissens behaupten, dass meine Tochter sich ihren Abschluss mit sehr viel Fleiß und noch mehr rinnendem Schweiß erarbeitet hat.Es war geschafft! Das Examen hatte sie in der Tasche und ich war begeistert. Noch so jung und schon fertig ausgebildete, examinierte Altenpflegerin.

In diesem Moment war ich einfach nur unglaublich stolz, erleichtert, glücklich, beruhigt,... ich war einfach alles auf einmal! Und vergleichbar mit den Schmerzen der Geburt, die Frau ja sofort beim Anblick des Neugeborenen vergessen hat, hatte ich auch allen Kummer, alle Sorgen und alle Tränen vergessen, die mich während der Ausbildungszeit gequält hatten!

Hey Anna, rückblickend war das doch gar nicht so schlimm, oder? Du kannst dich aber auch immer anstellen. Aus jeder Mücke machst du einen Elefanten. Wie wäre es denn, wenn du endlich einmal lernst, Dinge wesentlich gelassener zu sehen?! Damit würdest du dir - und somit auch deiner Tochter - das Leben leichter machen!

Ja ja, schlaues Gehirn. Das sagt sich so locker flockig. Wenn man bereits etwa ein halbes Jahrhundert lang gewisse Charaktereigenschaften sein eigen nennt, ist es nicht mehr so einfach sich zu ändern. Aber ich verspreche hoch und heilig, weiter an mir zu arbeiten!

Wie dem auch sei, die nächste Hürde genommen!

KAPITEL 5

Während der Ausbildungszeit galt es nebenbei noch eine andere wichtige Hürde des Lebens zu nehmen: Janie brauchte natürlich einen Führerschein! Dies ist ja völlig normal heutzutage und selbstverständlich sollte sie da keine Ausnahme bilden. Und im Gegensatz zu mir früher gibt es ja heute diese tolle Möglichkeit des begleiteten Fahrens ab siebzehn Jahren. Na, wenn das mal keine super Sache ist, dachten wir uns alle, und so wurde sich mit mit großer Begeisterung mit sechzehneinhalb bei der Fahrschule angemeldet. Die ersten Theoriestunden konnte meine Tochter nicht schnell genug zur Fahrschule kommen, und es wurde auch wirklich fleißig gelernt. Sie hatte ja ein weiteres Ziel vor Augen, für das es sich lohnte. Richtig so, mein Kind. Ganz meine Meinung! Da Janie zwar im Allgemeinen wie du schon weißt eher lernfaul ist, aber durchaus über eine gute Portion Intelligenz und Ehrgeiz verfügt, machte ich mir da absolut keine Sorgen. Endlich einmal etwas, was ohne Komplikationen vonstatten gehen würde...

Wir beide hätten es doch besser wissen müssen, findest du nicht auch?!

Ich weiß nicht, was genau Janie sich gedacht hatte, aber anscheinend war da ja wesentlich mehr zu lernen als gedacht. Na so eine Überraschung aber auch.

Wie sollte sie das denn alles unter einen Hut bringen, wo sie doch für ihre Ausbildung schon so viel zu lernen hatte (das stimmt tatsächlich, aber sind gerade weibliche Wesen nicht in der Lage, einige Dinge zeitgleich zu erledigen? Wo liegt das Problem?). Ach ja, und neben der stressigen Arbeit in der Pflege und der wahnsinnigen Belastung durch nervige Verpflichtungen wie das eigene Zimmer in Ordnung zu halten brauchte sie schließlich auch noch Freizeit.

Anfangs habe ich die Nörgeleien ganz gekonnt und völlig souverän ignoriert. War ich seit Jahren gewohnt, also: so what...
Da noch etwa ein halbes Jahr Zeit war bis zum siebzehnten Geburtstag, war nicht unbedingt Eile geboten, das würde schon werden.
Nach wenigen Wochen war das wirkliche Interesse an dem „theoretischen Mist" (O-ton meiner Tochter) verflogen wie ein Staubkorn im Wind und es bedurfte einiger Überzeugungskunst meinerseits, sich bitte etwas mehr reinzuknien, denn erst nach dem Bestehen der theoretischen Prüfung würde sie mit den praktischen Fahrstunden starten dürfen. Meine Argumentation muss wohl irgendwo im Oberstübchen angekommen sein, denn obwohl sie immer noch bei jedem Übungsbogen unzählige Fehler hatte (um Himmels Willen, las sie die Fragen überhaupt durch???) war Janie plötzlich fest entschlossen, in drei Tagen mit zur theoretischen Prüfung zu fahren. Unter den gegebenen Voraussetzungen hielten wir den Zeitpunkt für verfrüht.

Jeder normale Mensch hätte doch vorher erst noch intensiv gelernt, oder nicht?
Nicht so Sturkopf Janie, der Termin stand.

Das Schicksal schlug zwei Tage später - also am Tag vor der theoretischen Führerscheinprüfung - mit voller Wucht in Form der unerwarteten Kündigung im Altenheim zu! Wir haben mit Engelszungen auf sie eingeredet und an ihre Vernunft und Intelligenz appelliert, unter diesen Umständen besser nicht zur Prüfung mitzufahren. Bei der Gemütsverfassung würde sie gar nicht in der Lage sein, sich auf die Fragen zu konzentrieren und das Vorhaben wäre von vornherein zum Scheitern verurteilt.

Du wirst es schon ahnen... Sie setzte ihren Kopf durch, fuhr mit und und fiel mit einem einzigen Fehlerpunkt zu viel durch die Prüfung.
Wie sollte ich reagieren? Es war falsch, egal was ich sagen würde...

„ Ich habe es dir gleich gesagt!"
„ Warum hast du nicht auf mich gehört?"
„ Das war doch abzusehen, du hattest den Kopf nicht frei!"
„ Das hast du jetzt davon, nun musst du beim nächsten Versuch noch einmal die Prüfungsgebühren bezahlen!"
...

Ich kann mich nur noch erinnern, dass ich zwar etwas in dieser Richtung von mir gegeben aber ansonsten meine traurige, weinende Tochter einfach nur fest in die Arme genommen und getröstet habe.

Es war kein Weltuntergang und der Zeitpunkt hatte eben nicht gepasst. Jetzt hatte eine neue Ausbildungsstelle oberste Priorität, und danach würde es mit Eifer an einen neuen Versuch gehen.

(Zur Erinnerung: der neue Ausbildungsvertrag wurde noch am gleichen Tag unterschrieben!)
Nach dem Prüfungsdilemma war die Lernmotivation auf dem absoluten Tiefpunkt angekommen und Janie weigerte sich wochenlang, die Fahrschule zu besuchen oder online zu lernen. Nichts zu machen, und ich gab es erst einmal auf.
Kommt Zeit, kommt Rat und sie würde sich schon wieder aufrappeln.

Es dauert dann wesentlich länger als erwartet, und das Lernen für die Ausbildung hatte verständlicherweise einen höheren Stellenwert als der Führerschein. Das Ergebnis war, dass dafür kaum noch und sehr halbherzig gelernt wurde. Ab und zu stattete meine Tochter der Fahrschule einen sporadischen Besuch ab, füllte Übungsbögen aus mit Fehlerpunkten höher als anfangs und fuhr trotzdem noch mehrfach mit zur Prüfung.

Schon wieder durchgefallen?
Und schon wieder nichts?
Jetzt sage bitte nicht, es hat schon wieder nicht geklappt?

Was war nur los mit ihr? Sie war doch nicht dumm, und so schwer war es nun wirklich nicht. Ihre Verzweiflung wurde von Mal zu Mal größer, und mir war auch klar warum.

Den ersten Anlauf hätte sie sich besser gespart, hatte sie aber leider nicht. Und durch das Scheitern hatte sich bei Janie etwas für sie völlig Neues und Unbekanntes entwickelt: PRÜFUNGSANGST!!!
Während ihrer zehnjährigen Schulzeit kannte sie keine Prüfungsangst, und auch sonst war sie alles andere als ein ängstlicher Mensch. Was hatte diese eine unüberlegte Aktion mit ihr gemacht?
Scheitern gehört leider zum Leben dazu, und sie musste schnellstmöglich lernen, damit umzugehen und es zu verarbeiten. Es war doch gar nichts passiert.
Was hatten wir ihr von klein auf gesagt?

„Wenn du fällst: aufstehen, Krone richten, weitergehen!"

Es hatte immer funktioniert... wenn sie beim Spielen oder Radfahren gefallen war. Wenn sie Streit mit einer Freundin hatte. Wenn beim Malen oder Basteln etwas nicht so klappte wie sie es sich gedacht hatte. Wenn sie beim Laufen bei den Bundesjugendspielen weiter hinten vertreten war...
Sie hatte nie aufgegeben, und auch jetzt war es keine Option!
Es würden noch unendlich viele Prüfungen im Leben auf sie zukommen, und Angst hemmt. Ich durfte nicht zulassen, dass sie eine Prüfungsphobie entwickelt, die sie vielleicht nie mehr los wird und die sie immer wieder ausbremsen wird.

Wo waren ihr Selbstbewusstsein und ihr Selbstvertrauen geblieben? Janie war ein starker und ehrgeiziger Mensch gewesen und es gab keinerlei Grund, dies jetzt in Frage zu stellen oder sich seinen Selbstzweifeln hinzugeben. Ich musste sie aus ihrem tiefen, schwarzen Loch herausholen, aber wie?

Und auch jetzt hatte die gegenwärtige Situation etwas mit mir gemacht, was mir nicht gefiel. Ich fühlte mich zum wiederholten Male hilflos, machtlos, überfordert. War ich als Mutter indirekt für diese Situation verantwortlich? Hatte ich etwas bei der Erziehung falsch gemacht oder ihr die falschen Werte vermittelt? Hatte ich zu sehr versucht sie zu beschützen? Hatte ich sie zu wenig auf die Härten des Lebens oder auf Rückschläge vorbereitet?

Natürlich hatte ich seit ihrer Geburt immer das Beste für meine Tochter gewollt und zu jeder Zeit mein Bestes gegeben, aber war es auch in jeder Lage das Richtige gewesen? Da waren sie wieder, die schlaflosen Nächte voller heimlicher Tränen. Ich war früher immer der Meinung, eine starke Frau zu sein. So schnell konnte mich nichts aus der Fassung bringen und für alles hatte ich jederzeit eine Lösung. Tränen kamen mir äußerst selten. Wann war ich zur sensiblen Heulsuse mutiert und was genau waren die Gründe dafür? In der Stille der Nacht stellte ich mir immer häufiger die gleichen Fragen, doch Antworten fand ich keine...

Komplett verunsichert funktionierte ich weiter wie gewohnt. Es blieb mir nichts anderes übrig, und ein kölner Sprichwort heißt „Et hätt noch immer jot jejange".

Falls du aus einem weiter entfernten Teil des Landes kommst und die kölsche Sprache nicht verstehst kommt hier kurz die Übersetzung: „Es ist bisher noch immer gutgegangen". Ja genau so ist es, und dieser Spruch ist für uns Rheinländer quasi das Lebensmotto schlechthin!

Also Anna, besinne dich auf deine rheinische Frohnatur und lebe endlich wieder entspannt in den Tag hinein. Das Kind wird definitiv seinen Führerschein machen und du wirst später mir ihr zusammensitzen und über dieses Zeit lachen. Niemand wird in einigen Jahren danach fragen, ob deine Tochter drei- oder vielleicht sogar viermal durch die theoretische Fahrprüfung gefallen ist!

Kürzen wir die Sache jetzt hier kurz etwas ab: weil Janie nach Ablauf eines Jahres komplett neu hätte mit dem Führerschein anfangen müssen, hat sie sich kurze Zeit vorher besonnen und schnell noch problemlos die Theorie inklusive Prüfung erledigt. Im Anschluss hat sie noch einmal eine Pause eingelegt, da sie zwischenzeitlich immer näher auf ihre Examensprüfung zusteuerte und dann tatsächlich passend zu ihrem achtzehnten Geburtstag den Führerschein beendet, und zwar indem sie die praktische Fahrprüfung auf Anhieb bestand!!! Mutti hat schon wieder ein paar Tränchen verdrückt, aber dieses Mal vor Erleichterung. Das war gerechtfertigt finde ich!
Nur einen kleinen faden Beigeschmack hatte die ganze Sache: ich war ursprünglich begeistert von der Vorstellung, dass meine Tochter ein Jahr lang begleitet Auto fährt, denn damit hätte ich mich wohler gefühlt.

Man macht sich eben so seine Sorgen, wenn das Kind plötzlich statt mit dem Fahrrad mit dem Auto unterwegs ist. Die Geschwindigkeit ist minimal höher, und die Entfernungen der Fahrten auch anders als vorher. Aber diesen Gefallen hatte sie durch die Verzögerungen gekonnt umschifft und ich musste lernen, mit der neuen Situation umzugehen.

Anfangs hatte ich keine ruhige Minute, wenn meine „Kleine" alleine mit ihrem Auto unterwegs war, doch inzwischen habe ich mich auch daran gewöhnt und bin wieder entspannt. Sie fährt vernünftig und rast nicht und ich weiß, dass sie fahren und ich mich auf sie verlassen kann.

Nur in einem Punkt bin ich immer noch die „Alte": wenn Janie eine weitere Strecke fährt, bin ich leicht unruhig und komme erst wieder runter wenn ich weiß, dass die sicher und unbeschadet am Ziel angekommen ist. Ob sich das jemals ändern wird, vermag ich zur Zeit noch nicht zu sagen.

Trotzdem: Fantastisch, wieder eine Hürde genommen.

KAPITEL 6

Während Janie so vor sich hin wuchs und langsam meinte, erwachsen zu werden kam bei ihr der verständliche Wunsch auf mehr Privatsphäre und ein größeres Zimmer auf. So konnte man sich ja auch wesentlich besser aufs Lernen für die Ausbildung und den Führerschein konzentrieren. Verstehen musste ich diese Argumentation nicht, denn sie hatte ihre Ruhe und wurde in ihrem Reich nicht gestört.

Bei uns gilt von jeher der Grundsatz: geschlossene Tür bedeutet, ich möchte ungestört sein.

Zimmertüren sind in unserem Haus ansonsten prinzipiell immer alle offen.

Aber alles klar, alles machbar.

Statt wie bisher ein Zimmer in der ersten Etage in der Nähe unseres Schlafzimmers zu bewohnen, wurde noch eine Treppe höher im ausgebauten Dachgeschoss das wesentlich größere Zimmer leergeräumt und ganz nach ihren Vorstellungen renoviert.

Jetzt stand ich allerdings vor der Frage: wohin mit all meinen Sachen, die ich dort fein säuberlich und ordentlich gelagert hatte??? In das kleinere Zimmer passten die auf gar keinen Fall alle, und wenn dann höchstens gestapelt bis unter die Decke und der Raum wäre wegen Überfüllung nicht mehr zu betreten gewesen. Das konnte nicht die Lösung sein, denn ich bin ein sehr ordnungsliebender Mensch.

Ach ja, so eine Aufräumaktion veranlasst einen dann hin und wieder doch dazu, gesammelte Dinge zu überdenken und sich von dem einen oder anderen Teil mehr oder weniger leichten Herzens zu trennen.

Was wollte ich nochmal damit anfangen?
Wozu hatte ich das Teil aufbewahrt?
Fehlte da nicht inzwischen etwas?
Brauchte ich das überhaupt noch?
Funktionierte dieses Teil eigentlich noch?
Wollten wir das nicht schon vor Jahren entsorgen?
…

Kennst du das auch? Da hält man sich für ordentlich und
organisiert und bildet sich ein, nur wirklich wichtige
Dinge aufzubewahren und stellt dann fest, dass man im
Laufe der Jahre doch unzähligen unnützen Kram gehortet
hat!?
Jetzt sage mir bitte nicht, dass dir so etwas niemals
passieren könnte, denn dann käme ich gehörig ins
Grübeln und du würdest mich in tiefe Selbstzweifel
stürzen!

Wie auch immer… Nachdem ich mein Hab und Gut so
sortiert hatte, dass es ordentlich ins kleinere Zimmer
passen würde, zog Madame in ihr frühlingsfrisches
Zimmer nach oben. Warum frühlingsfrisch fragst du dich?
Weil es in leuchtendem grasgrün und weiß gehalten war.
Alles, aber auch wirklich alles war in diesen beiden
Farben gestaltet. Warum auch nicht, das hatten wir so
noch nicht.

Janie hatte ihre Zimmer schon immer nach ihren
(Farb)Wünschen gestaltet bekommen, und da hatten wir
schon Einiges ertragen müssen.

Mein persönlicher Horror war der rosafarbige
Mädchentraum jahrelang. Im zarten Alter von etwa fünf

Jahren waren Disney's Prinzessinnen ihr größtes Glück, und fortan strahlten die Damen uns aus allen Ecken und Enden des Raumes an. An den Wänden, als Teppich, von Kissen, als Dekorationen in allen Formen, als Wecker, Lampe, Bettwäsche, Figuren, Spielzeug und und und... Und selbstverständlich machten Cinderella und Konsorten auch vor Kleidung, elektrischer Zahnbürste und sämtlichen Hygieneartikeln keinen Halt... Anfangs fand ich das alles ja noch ganz nett, aber nach ein paar Jahren konnte ich pink wirklich nur noch äußerst schwer ertragen.

Toll, dass danach die lilafarbene Phase kam. Das entsprach zwar auch nicht meinem Geschmack, aber alles war besser als pink! Und natürlich wurde wieder alles passend gestaltet.

„Mama, du kannst doch nähen, machst du mir Kissen, Vorhänge, Gardinen, ... ?"

„Mama, du kannst doch malen, machst du mir auch wieder passende Bilder?"

„Mama, dieses braun (Anmerkung von mir: gemeint waren ihre buchefarbenen Möbel) passt gar nicht mehr zu meinen Sachen, kannst du sie nicht anstreichen in weiß?"

Aber sicher mein Kind. Ich bin nicht nur deine Mutter, sondern auch deine Schneiderin, Innenarchitektin, Anstreicherin, ...

Nach lila wurde es endlich auch für mich ansehnlich, denn ab etwa zwölf Jahren sollte es weiß mit schwarz sein! Danke!!! Seit meiner frühen Jugend bin ich ein Fan von schwarz, und daran hat auch mein zunehmendes Alter nicht geändert.

Beim Wunsch nach komplett schwarzen Wänden habe ich allerdings mein Veto eingelegt! So ging es nun wirklich nicht. Wir leben noch, und ich wollte nicht tagsüber das Gefühl haben, schlafen gehen zu müssen weil es schon dunkel war. Nichts da, ein Kompromiss musste her. Wir einigten uns schließlich auf zweifarbige Wände. Die obere Hälfte wurde weiß, die untere im weiß/schwarzen Zebradesign. Den Rest kennst du schon: Ich nähte passende Kissenhüllen, besorgte einen schwarzen Teppich, schnitt ganze Sprüche aus schwarzer Klebefolie aus und klebte sie auf Wände und die Spiegeltüren vom Schrank, beklebte ganze Regale mit Zebrafolie und und und...

Meine Tochter platzte vor Stolz, alle Freundinnen fanden ihr Zimmer mega cool und wir hatten bis zum Umzug nach oben lange Zeit Ruhe. Herrlich kann ich dir sagen!

Aber als Janie nach oben umzog, sah ich schon ein großes Problem auf mich zurollen, und ich sollte Recht behalten.

Ich kannte meine Tochter besser als sie sich selber und wusste, dass oben nach kürzester Zeit das reinste Chaos herrschen würde.

Du erinnerst dich: ich liebe Ordnung und Sauberkeit!!!
Das Zimmer war jetzt schön groß und wunderbar hell und dank des schwedischen Möbelhauses hatte die junge Dame sogar passende giftgrüne Regaleinsätze und Schranktüren. Mich hätte das ja zu Ordnung verleitet vor Begeisterung, aber Janie ist nun einmal nicht so wie ich.

Aus reinem Selbstschutz traute ich mich nicht besonders oft in die gefährliche Etage, doch wann immer ich es wagte, überkam mich das reinste Grauen.

Stand hier nicht ein großes weißes Metallbett??? Wo war es, man sah es nicht mehr.
Wo kommen die ganzen Sachen auf dem Fußboden her???

Warum hat mir niemand verraten, dass ich hier inzwischen Stelzen brauche um nicht vollends im Chaos zu versinken???
Was bitte riecht hier so merkwürdig und wo kommt der Geruch eigentlich her???
Wieso liegen unzählige Bücher auf dem Boden herum statt ordentlich in den Regalen zu stehen???
Was machen mein Modeschmuck und meine Handtasche hier oben???
Seit wann ist der Schreibtisch so bemalt und verunstaltet???

Im Vorfeld des Umzugs hatte mir meine Tochter ganz fest versprochen, ihr Reich sauber und in Ordnung zu halten. Das war ja wohl das Mindeste und gehörte zum Erwachsensein eh dazu. Konnte doch nicht so schwer sein, denn wir hatten ihr schon früh spielerisch diverse Werte vermittelt und es hatte immer gut geklappt. Aber das Pubertier sah lästige Tätigkeiten wie aufräumen oder reinigen ausschließlich als reine Zeitverschwendung an, da konnte ich mir den Mund fusselig reden. Vergeblich. Ich hatte es zwar befürchtet, doch hatte ich mir das alles so nicht vorgestellt!

Beinahe tägliche Streitereien waren an der Tagesordnung, und unser Zusammenleben war wirklich nicht mehr schön. Doch sollte ich nur um des lieben

Friedens Willen ihre Faulheit unterstützen und ihre Arbeiten in ihrem Reich erledigen? Auf gar keinen Fall! Sie wollte als - fast - erwachsene Person behandelt werden, also musste sie sich auch so verhalten, basta.

Ich habe es wirklich mit allen Mitteln versucht: Erklärungen, gutes Zureden, an ihre Vernunft und Intelligenz appelliert, Verbote ausgesprochen, kleine Belohnungen in Aussicht gestellt, Ignoranz, ...
Geholfen hat in dieser Zeit rein gar nichts.
Ich hatte das Gefühl, meine Tochter gar nicht mehr zu erreichen. Das war ein komplett fremder Mensch, mal wieder...
Anscheinend befand sie sich in einer neuen, mir noch unbekannten Phase der Pubertät und damit mussten wir beide erst einmal lernen umzugehen.

Bevor ich Mutter wurde dachte ich immer, die Erziehung in den ersten Lebensjahren könnte eventuell schwierig werden, denn ich hörte öfters von Trotzphasen, Wutanfällen, Schreiattacken und ähnlichem bei kleinen Kindern. Das alles war bei Janie nie aufgetreten und ich war so happy darüber gewesen. Sie war extrem pflegeleicht als Kleinkind und auch später noch wie anfangs im Buch schon erwähnt.

Ich hatte absolut nicht damit gerechnet, dass sie sich ab etwa zwölf Jahren so verändert und es so lange anhalten und dann auch noch immer schlimmer statt besser werden würde!
Wie lange mochte sich so eine Pubertät wohl hinziehen?
Jeder Mensch und auch jeder Teenager ist anders, klar, aber was hatte ich bei meiner Tochter zu erwarten?

Was machte Janie´s Pubertät eigentlich mit mir?

Sah ich nicht langsam schon ziemlich alt und übernächtigt
aus?
Wann hatte ich das letzte Mal so richtig eine Nacht
durchgeschlafen?
Hatte ich nicht schon Augenringe und hängende
Mundwinkel?
Hatte ich denn nicht schon zusammengepresste Lippen?
War meine Haut nicht schon ganz blass und fahl?
Hatte ich inzwischen nicht schon einen leicht gebeugten
und schleppenden Gang?

Der morgendliche Blick in den Spiegel wurde zum
Kraftakt. War das wirklich noch ICH???

Mir wurde langsam Angst und Bange vor der nächsten
Zeit…

KAPITEL 7

Ich ließ für mich die vergangenen Jahre seit der Geburt meiner Tochter immer öfter Revue passieren.
Es war an der Zeit, einmal eine kleine Zwischenbilanz zu ziehen. Vielleicht ließ mich das wieder klarer sehen.

Wo standen wir gerade? Wie war unser Verhältnis aktuell? Was musste sich ändern und wo bestand Handlungsbedarf?

Nun ja, wir hatten uns ziemlich entfremdet und führten nicht mehr so oft lange und intensive Gespräche miteinander wie früher. Klar, wir wohnten noch zusammen unter einem Dach und kommunizierten natürlich auch noch miteinander, aber eben auf einer ganz anderen Ebene als noch vor einiger Zeit.
Unsere Gespräche liefen inzwischen meistens folgendermaßen ab:

TOCHTER:
- Wann gibt es Essen?
- Hast du meine Lieblingsjeans gewaschen?
- Weißt du, wo ... ist?
- Warum meckerst du immer an mir herum?
- Warum machst du das nicht einfach selber?
- Ich bin alt genug!
- Das ist meine Entscheidung!
- Das geht dich nichts an!
- Lass mich in Ruhe
- Mache ich gleich
- ...

ICH:
- Du denkst immer nur noch ans Essen!
- Was weiß ich, wo deine Lieblingsjeans ist!
- Ich habe keine Ahnung, wo in deinem Chaos … ist!
- Ich meckere nicht, ich stelle nur fest!
- Weil du auch einmal helfen kannst!
- Dann benimm dich auch dem Alter entsprechend!
- Ja, und ich muss es wieder ausbaden!
- Geht es sehr wohl, ich bin deine Mutter!
- Ich bin aber noch nicht fertig, also höre mir bitte zu!
- Dein „gleich" kenne ich schon!
- …

Und jetzt Gesprächversuche, die von mir ausgingen:

ICH:
- Hast du dein Zimmer aufgeräumt?
- Kannst du bitte die Musik etwas leiser machen?
- Hast du den Abfall aus deinem Zimmer entsorgt?
- Hast du für die Klausur gelernt?
- Könntest du mir bitte kurz bei … helfen?
- Brauchst du eine schriftliche Einladung?
- Bringst du mir bitte mein/e … zurück?
- …

TOCHTER:
- Jaaaa, habe ich!
- Boah, die ist doch schon kaum zu hören!
- Ähm ja!
- Ein bisschen, aber ich lerne gleich noch etwas!

- Tut mir leid, ich bin gerade sehr beschäftigt!
- Jetzt hetze mich doch nicht so!
- Das/die brauchst du doch im Moment gar nicht!
...

Dies sind natürlich nur einige wenige aber immer wieder fallende Sätze. Frei nach dem Motto „und täglich grüßt das Murmeltier".
Wenn es in der jeweiligen Situation nicht so deprimierend gewesen wäre, wäre es ja schon fast wieder lustig.
Konnten wir denn gar nicht mehr wie zwei normale Menschen miteinander reden statt immer nur kurz und knapp?
„Wie war dein Tag heute?" - „Geht so"
„Wir können gleich essen." - „OK"
„Du wolltet doch ... machen." - „Später"
„Du hast vergessen ... zu machen!" - „Egal"
...

Du lieber Herr im Himmel, das konnte doch nicht wahr sein. Mit jedem Fremden auf der Straße kamen bessere Gespräche zustande als mit meiner eigenen Tochter! Und da sollte ich noch gutgelaunt bleiben? Das war dann doch zu viel verlangt. Ich bin auch nur ein Mensch , und ein harmoniebedürftiger noch dazu.
Trautes Heim, Glück allein? Schön wäre es!

Selbst das Zaubermittel heiße Schokolade versagte seinen Dienst und gemütliches Zusammensitzen gab es auch nicht mehr.

An welchem Punkt der Pubertät waren wir gerade? War das immer noch erst der Anfang und es würde noch schlimmer kommen? Waren wir mittendrin und es würde noch einige Jahre so weitergehen? Oder - Hoffnung keimte auf - waren wir bereits am Zenit angekommen und sehr bald würde alles wieder schön werden? Diese Fragen konnte mir natürlich niemand beantworten und mein Gemütszustand wurde so auch nicht besser. Wir traten auf der Stelle und kamen nicht voran.

Unser Verhältnis war ein einziges Auf und Ab. Es gab ohne Frage immer mal wieder sehr schöne Momente, aber zum größten Teil herrschte angespannte Stimmung. Wie gerne hätte ich Janie manchmal geschüttelt, um sie aufzurütteln. Oder sie einfach nur fest in den Arm genommen und ihr gesagt, dass wir das schaffen und alles gut wird. Sie war auf der Suche nach ihrem Platz im Leben und konnte mit ihrem neuen Ich selber nichts anfangen. Ich denke, oft verstand sie sich selber nicht, also wie sollte ich es können?
Gemeinsam mit meiner Mutter versuchte ich herauszufinden, ob meine eigene Pubertät für sie auch so schwierig gewesen war. Anscheinend nicht! Laut Mama´s Aussagen war zwar auch ich zeitweise etwas kompliziert, aber wohl nicht so extrem wie Janie. Teilweise verhielt meine Tochter sich regelrecht respektlos mir gegenüber, und das verletzte mich sehr. Ab einem gewissen Punkt nahm ich alles persönlich, was mit Sicherheit nicht zur Normalisierung unseres einst traumhaften Verhältnisses beitrug.

Sie konnte doch gar nichts für ihr Verhalten, sondern litt selber wahrscheinlich am allermeisten darunter. Es war meine Aufgabe als ihre Mutter, sie durch diese schwere Zeit zu begleiten und ihr zu helfen.

Gemeinsam konnten wir alles schaffen. Wir waren nicht nur Mutter und Tochter, sondern immer noch auch Freundinnen wenngleich unsere Freundschaft gerade doch eher ein wenig auf Sparflamme köchelte.Meine Mutter und ich sind zeit meines Lebens schon allerbeste Freundinnen, und das auch mit meiner Tochter zu schaffen war von Anfang an auch mein Ziel.

Gibt es etwas Schöneres? Für mich zumindest nicht, und dafür zu kämpfen lohnte sich allemal.

In einem alten Lied heißt es doch so schön:

„Gute Freunde kann niemand trennen, gute Freunde sind nie allein…"

So ist es, also raufte ich mich immer wieder zusammen, versuchte in meinen schlaflosen Nächten neue Kraft zu schöpfen und begann jeden neuen Tag erneut voller Optimismus!

Pubertäre Hürde genommen? Leider noch nicht, aber das würde schon werden…

KAPITEL 8

Janie´s achtzehnter Geburtstag fiel dann ja leider auch noch in die Coronazeit, aber glücklicherweise war es Sommer und man durfte zumindest wieder im kleineren Kreise feiern!
Ursprünglich war natürlich ein großes Fest geplant, aber unvorhergesehene Ereignisse erfordern unvorhergesehene Maßnahmen, und so machten wir das Beste daraus. Als Gäste waren nur die Familie und die engsten Freund/-innen anwesend. Geschmückt und dekoriert war trotzdem dem Anlass entsprechend. Überall hingen Dekorationen mit einer 18 darauf, es gab Teller, Becher, Servietten und Tischdekorationen mit 18 und selbstverständlich hatte ich ihr - wie jedes Jahr - einen ganz besonderen Kuchen gebacken. Als besondere Überraschung hatte ich im kompletten Flur eine Zeitleiste aufgehängt. Bestückt war sie mit ihren ganz persönlichen Erinnerungen der letzten achtzehn Jahre wie zum Beispiel ihrer Nabelklemme, dem erste Nucki, den ersten Schühchen, dem ersten kleinen Kuscheltier, einem Body und so weiter bis hin zu einer aktuellen Jeans! Der Clou war meine im Eingangsbereich stehende Schaufensterpuppe, die Janie´s komplettes Outfit vom Schulabschlussfest trug (Kleid, Clutch, Haarspange und Diadem). Meine „Kleine", jetzt laut Gesetz Erwachsene war überwältigt. Neben vielen wundervollen anderen Geschenken von allen Seiten gab´s von der lieben Mama auch noch ein Fotobuch des gesamten bisherigen Lebens. Es war einfach nur schön, Janie so glücklich und überrascht zu sehen! Die ganze Planung und Arbeit im Vorfeld waren es wert gewesen.

An diesem Tag strahlte sie wieder wie früher, als sie noch beinahe vierundzwanzig Stunden lang nur fröhlich durch die Gegend hüpfte und den ganzen Tag nur lachte!

Es gab sie also doch noch, die „alte" Janie!!! Anscheinend war sie zur Zeit nur ein wenig falsch abgebogen auf ihrem Lebensweg, aber wir hatten ja Zeit.

Irgendwann würde sie bestimmt ihre Intelligenz und ihren Frohsinn wiederfinden, auch wenn ich mich zeitweise wirklich fragte,ob sie an einer Art Amnesie litt! Sie hatte das alles bei Eintritt in die Pubertät anscheinend irgendwo abgelegt und wusste nicht mehr wo... Kein Wunder bei dem Chaos in ihrem Zimmer und ihrem Leben!

Aber ab diesem für sie ganz besonderen Tag würde sich sicher wie von Zauberhand einiges ändern. Über Nacht hatte eine gute Fee bestimmt heimlich haufenweise Feenstaub über des Töchterchens Haupt ausgeschüttet und sie mit ihrem magischen Zauberstab in eine stets gutgelaunte, fröhliche, hilfsbereite und ausschließlich nette und freundliche junge Frau verwandelt!!!

Ich beschloss - wieder einmal!!! - gelassener zu werden und zukünftig öfter die Nerven in schwierigen Situationen zu behalten (falls diese ab sofort überhaupt noch auftreten sollten!)

KAPITEL 9

Der Vorsatz, Nerven zu behalten und dem gelassener zu werden war schön und gut, doch manche Aktionen meiner Tochter ließen mich meine guten Vorsätze oft rasend schnell wieder vergessen!

Liebe Fee, ich glaube dein Feenstaub und dein Zauberstab haben eventuell versagt?!

Ein kleines Beispiel gefällig? Kein Problem...

Vom Kindergarten an bekam Janie immer zum Pausenbrot auch etwas Gesundes eingepackt. Täglich schnippelte ich ihr liebevoll Gurke, Paprika, Tomaten, Apfel oder ähnliches und sie liebte es. Trauben (natürlich nur die kernlosen) oder Mandarinen wurden auch sehr gerne genommen.
So weit, so gut. Im Alter von ungefähr vierzehn Jahren regte sich ganz langsam Widerstand gegen alles Gesunde! Natürlich machte sie sich ihre Pausenbrote seit langer Zeit schon selber, doch ich bestand nach wie vor auf gesunde Beilagen. Warum auch nicht, nur weil sie jetzt älter war, schmeckten all diese Sachen ja nicht plötzlich anders...
Trotz ständiger Diskussionen packte meine Tochter also zähneknirschend Obst und Gemüse in ihre Brotdose, doch immer häufiger kamen genau diese Dinge auch unbeachtet wieder mit zurück nach Hause!

Na gut, Vorschlag zur Güte: an jedem zweiten Tag nahm sie versuchsweise zu den gesunden Dingen auch eine kleine Süßigkeit mit.

Ich fand mich wirklich clever, und eine kurze Weile funktionierte dieser Kompromiss auch richtig gut.

Wunderbar, mache Probleme ließen sich ganz leicht lösen.

Mutti´s Welt war wieder in Ordnung, bis...

Ja, bis ich neben dem Parkplatz vor unserem Haus meinen Augen nicht trauen konnte.

Ich war gutgelaunt mit meinem Mann auf dem Weg zum Auto, als ich plötzlich aus den Augenwinkeln heraus etwas Kleines Rotes sah. Ich wurde neugierig und ging zu der Pflanzfläche mit den dichten Büschen am Rande des Parkplatzes und was sah ich?

Lagen doch dort tatsächlich jede Menge leuchtend roter matschiger Cocktailtomaten und einige handvoll trauriger Trauben!!!!!!!!!!!!!!

Wie bitte???

Hatte ich Halluzinationen???

Das konnte nicht sein, so dumm war meine Tochter doch nun wirklich nicht, oder???

Niemals konnte sie das quasi direkt vor der Haustüre im Gestrüpp entsorgt haben, oder doch???

Dass vor geraumer Zeit auch schon einmal die gesunden Sachen von ihr im Abfalleimer gelandet waren, war uns durchaus bewusst. Darum ja der Süßigkeiten-Kompromiss.

Dieses hinterlistige Pubertier...

Wie oft hatte sie das wohl schon so gemacht?

Ich hätte schreien können und fühlte mich unglaublich hintergangen.

Kannst du dir vorstellen, wie weh mir diese Erkenntnis getan hat? Nur gut, dass Janie sich in diesem Moment in der Schule befand denn ich brauchte erst einmal Zeit, das gerade Gesehene zu verarbeiten, bevor das nächste unangenehme Gespräch fällig war!
Der Verrat fühlte sich an wie ein Schlag in die Magengrube. Warum nur? Merkte sie gar nicht, dass ich es wirklich nur gut mit ihr meinte? Ich bestand doch nicht auf eine gesunde und ausgewogene Ernährung,um sie zu ärgern. Das sollte doch eigentlich völlig selbstverständlich sein und ohne Diskussionen oder gar Streit vonstatten gehen.
Ok, wahrscheinlich war es mein Fehler gewesen, aber ich war nur die überforderte Mutter und nicht Superwoman. Jeder Mensch macht Fehler, und die Erziehung einer pubertierenden Tochter hatte niemand mir vorher beigebracht.
Learning by doing? Funktionierte im Allgemeinen schon mein komplettes Leben lang hervorragend, aber da hatte ich die Rechnung ohne mein Kind gemacht.
Sollte ich sie besser einfach machen lassen, was sie wollte nur um dem ewigen Streit aus dem Weg zu gehen? Wenn ich es ab sofort so handhaben würde, was käme dann und wie würde Janie sich entwickeln?
Mein Mann und ich waren uns immer einig gewesen, dass sie zu einem selbstbewussten Menschen heranwachsen und ihre eigenen Entscheidungen treffen lernen sollte.

Man kann sein Kind nicht vor allem beschützen, und das war auch gar nicht der Sinn der Sache.

Aber wie sollte ich mich verhalten wenn ich sah, dass sie definitiv eine falsche Entscheidung traf? Augen zu und durch? Aus Schaden wird man ja bekanntlich klug, und sollte sie auf die Nase fallen würde sie eben wieder aufstehen, ihre Krone richten und weitermachen. Hatte sie schließlich so gelernt. Hier ging es allerdings um ihre Gesundheit und da konnte und wollte ich meine Augen nicht kommentarlos verschließen. Das war zu einhundert Prozent gegen mein Naturell und für mich nicht praktikabel.

Ich weiß noch, dass ich - wie so oft in den letzten Jahren - verzweifelt die Balance gesucht habe zwischen Vorschrift und Selbstbestimmung.

Scheinbar hatte nicht nur meine Tochter sich verändert, sondern ich auch. Aus der coolen Mutter war eine Nervensäge geworden und ich wunderte mich ernsthaft, warum Janie nicht mehr so gerne wie früher Zeit mit mir verbrachte?

Anna, wache auf, sagte ich mir.

Wenn du jetzt nicht endlich die Notbremse ziehst und dich änderst, wirst du deiner Tochter und dir selber die Zeit von Janie´s Pubertät zur Hölle machen, und das willst du nicht, richtig?! Bald schon wird sie ihren Platz im Leben gefunden und sich mit ihrem neuen Ich angefreundet haben und dann wird alles gut.

Mit dieser Einstellung konnte ich der nächsten Hürde etwas entspannter entgegensehen...

KAPITEL 10

Seit Janie „erwachsen" war, sah sie zu meinem Leidwesen ihr Zuhause bei uns immer mehr als „Hotel Mama" an!

Dies bedeutete im Einzelnen, dass sie sich aus zeitlichen Gründen („ich habe noch so viel zu lernen und aufräumen soll ich ja auch andauernd.") prinzipiell in keinster Weise mehr an notwendigen Aktivitäten im Haushalt beteiligte. Selbst die kleinste Bitte meinerseits wurde entrüstet abgeschmettert.

Janie stand auf dem Standpunkt, dass alles, aber auch wirklich alles schließlich meine Aufgabe als Mutter sei und ich doch froh sein könnte, dass sie so ehrgeizig wäre. Ach so, gut zu wissen. Vielen Dank für die Aufklärung. Ich hätte ansonsten höchstwahrscheinlich komplett vergessen, warum ich noch eine Daseinsberechtigung auf dieser Erde hatte. Wie peinlich!

Die liebe Tochter gab nur einen sehr kleinen Betrag ihres monatlichen Geldes als sogenanntes Kostgeld ab, bildete sich allerdings ein, damit „all inclusive" gebucht zu haben..

Sie war mehr denn je der Meinung, es wäre schließlich unsere Pflicht als Eltern, für sie zu sorgen und sah es darum weder ein, mehr Geld abzugeben noch wenigstens etwas im Haushalt zu helfen. Und das Beste war tatsächlich ihr „freundlicher" Ton in letzter Zeit. Es war kaum noch auszuhalten!

Ich war zu ihrer ganz persönlichen GmbH aufgestiegen:

Geh mal...
mach mal...
bring mal...
Hol mal...
Und fast immer in einem regelrechten Befehlston.
Du kannst dir nicht vorstellen, wie oft ich eine Faust in
der Tasche gemacht, tief durchgeatmet und es einfach
ignoriert habe!
Hatte ich es nötig, mich so von der Göre behandeln zu
lassen? Klares NEIN!
Ich war immer noch ihre Mutter und hatte es verdient,
zumindest respektvoll behandelt zu werden.
Selbstverständlich durfte das Töchterlein Wünsche
äußern und ich war auch sehr gerne bereit, ihr einen
Gefallen zu tun. Nur auf eines legte ich großen Wert: den
Umgangston.
Der Ton macht bekanntlich die Musik, doch sollte Janie
ein Instrument, musste sie unbedingt neu gestimmt
werden, denn diese Töne waren unerträglich.

Nun war es ja nicht so, dass ich nichts mehr für sie
gemacht oder sie sich um alles hätte selber kümmern
müssen. Mitnichten...
- ihre Wäsche wurde erledigt (nur einräumen musste sie
sie selber)
- sie brauchte nicht zu kochen
- sie musste nicht einkaufen gehen (nur ihre persönlichen
Dinge)
- es wurde nach wie vor so ziemlich alles von uns gezahlt
- es wurden Besorgungen für sie erledigt wenn sie
arbeiten oder in der Berufsschule war
- ...

Kurzum, sie hatte ein gemütliches Leben mit allen Annehmlichkeiten. Was also hatte sie täglich zu bemängeln?

Wenn ich schon alles aus Liebe für sie tat, war es dann zu viel verlangt wenn ich mich hin und wieder erdreistete und um eine kleine Gefälligkeit bat? Ich hatte so oft das Gefühl, als wäre ich ihr das nicht mehr wert...

Ganz sicher war dem allerdings nicht so, denn trotz alledem brachte Janie mir immer wieder nette Aufmerksamkeiten mit wie Blumen, einen kleinen Dekoartikel, eine hübsche Postkarte mit einem liebevollen Mama-Spruch oder Ähnliches! Und beinahe täglich drückten wir uns, drückten uns ein Küsschen auf die Wange und sagten uns, wie lieb wir uns haben!!!

Ich war jedes Mal tief gerührt und hätte vor Glückseligkeit zerfließen können. Ich liebte diese kurzen innigen Momente auch wenn es durchaus nicht unüblich war, dass innerhalb weniger Augenblicke später schon wieder aus einem ganz banalen Grunde die Fetzen zwischen uns flogen!

Trotzdem waren unsere kleinen Kuschelmomente wunderschön und erinnerten mich immer wieder daran, dass es sich lohnte durchzuhalten!

War doch alles gar nicht so schlimm. Wir durchlebten aktuell nur Janie´s - zugegebenermaßen höchst anstrengende - Pubertät. Da jeder Mensch auf dieser Erde als Säugling zur Welt gekommen und erst im Laufe der folgenden Jahre erwachsen geworden war, hatten schon Milliarden diese Phase überstanden und wir würden da keine Ausnahme bilden!

Yes, we can!!!

KAPITEL 11

Meine volljährige - aber scheinbar dennoch noch lange nicht erwachsene! - Tochter wies mich seit ihrem achtzehnten Geburtstag äußerst gerne und immer häufiger bei jeder passenden und auch unpassenden Gelegenheit darauf hin, dass sie inzwischen erwachsen und somit alt genug für alles Mögliche sei.
Ach, war das so? Zumindest war das ihre Sichtweise der Dinge, meine jedoch nicht!
Aufgrund ihres Benehmens und ihres mitunter sogar leicht beschämenden Auftretens war ich noch nicht wirklich überzeugt. Häufiger dachte ich kurz nach und kam zu dem Ergebnis, dass sie zwar tatsächlich schon achtzehn Jahre zählte, dennoch noch lange nicht den Eindruck erweckte erwachsen zu sein.
Was sagte das Alter denn schon aus?

Zeit für eine Definition des Wortes „erwachsen"...

Unter erwachsen sein verstand ich:
- Verantwortung übernehmen
- Selbstständiges Handeln
- Den Lebensunterhalt selbstständig bestreiten können
- Souveränes Auftreten
- Respektvoller Umgang mit Mitmenschen
- ...
um nur einige wenige Punkte zu nennen.

Janie verstand darunter anscheinend:
- Ich darf machen was ich will
- Niemand hat mir mehr etwas zu befehlen

- Ich muss nichts mehr machen,wozu ich keine Lust habe
- Ich kann kommen und gehen wann und wohin ich will
- Ich brauche keine Rücksicht mehr zu nehmen
- Mir gehört die ganze Welt
- Meine Wünsche müssen allen Befehl sein
- Ich räume nur auf wenn ich es für notwendig halte
- ...

auch hier nur einige wenige Punkte.

Hast du etwas bemerkt?
Da prallten zwei vollkommen unterschiedliche Welten aufeinander! Ich weiß noch aus meiner Schulzeit, dass ein Erdbeben entsteht wenn zwei Erdplatten aneinander reiben - sehr vereinfacht erklärt, ich weiß - aber genau so erklärten sich unsere Reibereien am Besten. Bei zwei Menschen mit dermaßen unterschiedlichen Einstellungen ließen sich kleinere und größere Erdbeben also gar nicht vermeiden.

Was konnte die Lösung sein? Janie steckte zwar noch in der Ausbildung im letzten Jahr, wollte aber immer mehr ihr selbstständiges Leben führen. Zuhause war die Stimmung immer häufiger sagen wir einmal weniger gut. Das Nest verlassen wollte das Vögelchen zwar definitiv noch nicht, aber unsere Regeln für ein harmonisches Zusammenleben wurden auch gekonnt ignoriert. Gespräche wurden geführt, es wurde mal wieder an ihre Vernunft appelliert, es wurde gebettelt, gedroht, erfolglos!

Die Gründe für die Diskussionen waren stets die Gleichen: überall im Haus ließ sie ihre Sachen stehen und liegen, Abfall und Leergut wurden in ihrem Zimmer gehortet, schmutzige Wäsche fand nur sehr sporadisch den Weg in den Wäschesortierer und wenn dann in riesigen Mengen auf einmal und sollte dann aber bitte am besten schon gestern fertig sein weil man es dringend benötigte, Lebensmittel wie Schokoladenbrötchen oder Reste von Wurstbroten fanden sich immer häufiger unter dem Bett oder in Handtaschen wieder und hatten beim Auffinden nach keine Ahnung wie langer Zeit eine undefinierbare Farbe und Konsistenz angenommen und so weiter!

Das war nicht meine Auffassung von Ordnung und schwer zu ertragen. Zudem muss ich noch erwähnen, dass Janie eine große Leseratte ist und dementsprechend ihr Bücherfundus in kürzester Zeit rasant ins Unendliche wuchs! Das ursprünglich hübsch eingerichtete und wirklich sehr geräumige Zimmer beheimatete nach und nach hunderte von Büchern, die mich wohl sortiert aus sämtlichen großen Regalen bis unter die Zimmerdecke anschauten. Dagegen wäre absolut nichts einzuwenden gewesen, wenn dafür nicht unzählige andere Dinge auf den Fußboden ausgelagert worden wären! Kurzum: überall stapelten sich die verschiedensten Dinge, und das frühlingsgrüne Zimmer war nur noch ein einziger Drecksstall! Anders war es leider nicht mehr zu bezeichnen und mir standen beim bloßen Gedanken daran schon die Haare zu Berge und ich bekam Ausschlag.

So konnte es nicht mehr weitergehen, und da sämtliche Gesprächsversuche fehlschlugen drohten wir ihr an, dass sie sehr bald würde ausziehen müssen! Hätte eigentlich in ihrem Sinne sein müssen, denn sie wünschte sich schließlich ein selbstständiges und freies Leben, oder?!

Aber nein, DAS wollte sie so aber bitte auch nicht! Sie steckte doch noch mitten in der heißen Phase der Ausbildung und war doch noch so jung! Und jetzt schon ausziehen wollte sie auf gar keinen Fall...
Ja was denn nun???
Was wollte sie denn?
Wie hatte sie sich die nahe Zukunft denn vorgestellt?
Ich verstand gar nichts mehr. Nach einigem Nachdenken fühlte ich mich ein wenig nennen wir es einmal veräppelt. Ich kam zu dem Schluss, dass sie zwar einerseits alle Annehmlichkeiten des Elternhauses sehr gerne mitnahm, sich aber andererseits frei bei uns bewegen wollte ohne auch nur die kleinste Einschränkung oder Verpflichtung. Ein Zusammenleben funktioniert jedoch leider nur reibungslos, wenn sich Geben und Nehmen in einem Gleichgewicht befinden.

Hallo heiße Schokolade, lass es uns noch einmal miteinander versuchen bitte!

Eine letzte, dann noch eine wirklich letzte, gefolgt von einer allerletzten Krisensitzung wurde einberufen und wir legten erneut einige sehr wenige und wirklich an und für sich lächerliche Regeln fest, die es für alle zu befolgen galt.

Für Janie war es so etwas wie:
- einmal wöchentlich Schmutzwäsche herunterbringen
- zweimal wöchentlich Abfall und Leergut mit nach unten bringen
- saubere Wäsche noch am gleichen Tag in die Schränke räumen
- vorläufig keine weiteren Bücher mehr kaufen (man könnte ja erst einmal einige hundert vorhandene lesen)
- keine Lebensmittelreste mehr im Zimmer „vergessen"
- den Schreibtisch wieder als solchen erkennbar machen und nicht mehr ausschließlich als Sammelstelle für alles Mögliche nutzen
- ab und an auch einmal kleine Gefälligkeiten übernehmen

Für mich war es so etwas wie:
- nicht mehr so oft kritisieren
- mehr Vertrauen zeigen
- geduldiger sein
- wieder mehr gemeinsame Aktivitäten
- wieder mehr gemütliche Gespräche ohne Vorwürfe

Diese gemeinsam erarbeiteten Regeln waren doch gut durchdacht und wurden allen gerecht fand ich. Als kleine Hilfestellung hängten wir sogar eine entsprechende Liste - hübsch verziert - in der ersten Etage an die Wand. So konnten wir beide im Vorbeigehen immer einmal wieder einen schnellen Blick darauf werfen.
Sensationell, wie kreativ man doch sein konnte um des lieben Friedens willen.

So würde es sicherlich schnell besser werden und wir könnten noch etliche, glückliche gemeinsame Jahre unter einem Dach miteinander verbringen!!!

Super; Problem erkannt, Problem gebannt...

KAPITEL 12

So einfach wie gedacht war die Sachen dann doch nicht!

Du hast ja Recht, ich hätte es besser wissen müssen, doch die Hoffnung stirbt bekanntlich zuletzt...

Gute Vorsätze und große Versprechungen dienten anscheinend einzig und alleine dem Zweck, gebrochen zu werden und waren innerhalb weniger Tage bereits wieder vergessen.

„Janie, darf ich dich noch einmal an die Liste an der Wand erinnern?"
„ Die hängt da, ich weiß!"
„Würdest du denn netterweise hin und wieder auch einen Blick darauf werfen bitte?"
„ Wozu? Ich weiß doch, was darauf steht!"
„ Und warum handelst du nicht danach?"
„ Mache ich doch!"
„ Davon merke ich aber leider nichts!"
„ Doch, aber ich kann nicht alles auf einmal. Ich habe schließlich noch Anderes/Wichtigeres zu tun!"
„ Das verlangt auch niemand. Könntest du denn jetzt vielleicht kurz...?"
„ Später, ich muss jetzt weg. Tschüss!"

So so, du findest das also lustig?
Na herzlichen Dank auch! Mir ist durchaus bewusst, dass Schadenfreude die größte Freude ist und es freut mich wirklich sehr, wenn ich dich erheitern kann.

Das Leben ist ja schon ernst genug. Aber doch bitte nicht auf meine Kosten!

So hätte ich dich nicht eingeschätzt...

Du sitzt gerade gemütlich auf dem Sofa mit einem Kaffee vor dir und meinem Buch in der Hand und grinst fröhlich vor dich hin bei der Vorstellung, Zeugin eines der tiefgründigen Gespräche zwischen meiner lieben Tochter und mir zu sein. Und ich? Ich hätte nach jedem einzelnen dieser Gespräche vor Wut und Resignation wie Rumpelstilzchen durch das komplette Haus stapfen können, jawohl!

Bei allem Verständnis für Janie´s zweifelsohne stressigen Job und der Lernbelastung für ihr angestrebtes und sich näherndes Examen: der Tag hatte vierundzwanzig Stunden, von denen sie problemlos täglich gerade einmal eine halbe Zuhause hätte nutzen können.

Hatte ich da etwa die Ansprüche zu hoch gesteckt? Ich denke nicht. Ich erwartete weiß Gott nicht viel, und Forderungen stellte ich schon gar nicht. Wozu auch, hätte so oder so nichts gebracht. Aber als sich auch nach Monaten nichts geändert hatte fassten mein Mann und ich den Entschluss, dass sie doch besser in eine eigene kleine Wohnung ziehen und auf eigenen Beinen stehen sollte!

Der Gedanke daran tat unsagbar weh und ich wollte meine Tochter auf gar keinen Fall aus dem Haus werfen, aber so konnte es nicht weitergehen.

Mein Gesundheitszustand war schon lange nicht mehr der beste und ich musste langsam endlich auch einmal ein wenig an mich denken.

Ich war seit Janie´s Geburt eine aufopferungsvolle Mutter mit Leib und Seele, aber sie war mittlerweile aus dem Gröbsten heraus und auf ein wenig Unterstützung ihrerseits konnte ich leider nicht zählen.

Wir begannen etwas intensiver nach einer geeigneten Wohnung zu suchen und fanden zu unserer eigenen Überraschung relativ schnell eine nur zwei Straßen weiter! Da passte einfach alles und sie wurde knapp drei Monate später bereits frei.
Jetzt wurde es also doch Ernst...
Der Mietvertrag wurde unterschrieben und es gab kein Zurück mehr.
Ich wusste nicht, ob ich mich freuen oder nur noch weinen sollte. Und auch Janie war hin- und hergerissen. Auf der einen Seite konnte sie es kaum abwarten, endlich ihr „Erwachsenenleben" mit allen Konsequenzen zu beginnen. Auf der anderen Seite fürchtete sie sich davor und bekam Panik. War es nicht noch viel zu früh? War sie überhaupt schon bereit dazu?
Wir hatten ja schon öfters darüber geredet, doch dieses Mal war es nicht beim Reden geblieben. Wir hatten Nägel mit Köpfen gemacht und damit hatte sie nicht gerechnet! Sie war der Meinung gewesen, wir würden nur „drohen", aber den Worten ganz sicher keine Taten folgen lassen. Sie war sich ihrer Sache zu sicher gewesen und hatte gar nicht bemerkt, wie es mir inzwischen ging. Und als wäre das Alles nicht schon schlimm genug für mich, bekam ich fortan zusätzlich auch noch ständig ein schlechtes Gewissen eingeredet!

Ich hätte sie hinausgeworfen, ich wollte sie nicht mehr bei mir haben, ich würde nur noch an mich denken, sie hätte vor fünfundzwanzig nicht ausziehen wollen und schon gar nicht im letzten Jahr der Ausbildung so kurz vor der Prüfung,...

Nichts davon entsprach der Wahrheit!!!

Ich hatte auf Anraten mehrerer Ärzte lediglich die Reißleine gezogen!

Janie war, ist und bleibt für alle Zeiten das Wichtigste auf der Welt für mich und keiner wusste, wie sehr ich litt. Ich hatte doch nicht neun Monate lang ein Kind unter meinem Herzen mit mir herumgetragen und unter Schmerzen auf diese Welt gebracht, um sie nach noch nicht einmal zwanzig Jahren wieder aus meinem Haus zu vertreiben!

So war das nicht!!! Sie fehlte mir schon ab dem Moment, als sie den Mietvertrag unterschrieben hatte! Ab dem Zeitpunkt schlief ich nachts noch wesentlich weniger als vorher und fragte mich rund um die Uhr, wie ich mit dieser Situation fertig werden sollte. Bald schon käme sie nicht mehr täglich nach der Arbeit nach Hause, wäre keine Nacht mehr da, es würde kein Gestapfe auf den Treppen, keine viel zu laute Musik und kein Türen knallen mehr hier geben. Und auch keine gemeinsamen „heiße-Schokolade-Gespräche" mehr! Es würde still werden im Haus, sehr still... Zu still???

Hilfe, jetzt kam auch bei mir Panik hoch!

KAPITEL 13

Mit der Unterzeichnung des Mietvertrags begann eine aufregende Zeit für uns alle. Es wurden maßstabsgetreue Pläne der Wohnung gezeichnet und überlegt, wie man sie am Besten einrichten könnte. Wo sollte welcher Schrank hin, wo welches Regal? Stelle ich das Bett besser an diese Wand oder eher an eine andere Seite? Und ich brauche noch mehr große Regale vom schwedischen Möbelhaus für meine ganzen Bücher! Am Liebsten hätte ich ja Multifunktionsmöbel, dann hätte ich mehr Möglichkeiten und mehr freien Platz...
Außerdem brauche ich noch eine gemütliche aber bitte moderne und stylische Couch, einen Couchtisch, eine Waschmaschine, einen Wäschetrockner, Kommoden, einen großen Spiegel, eine Mikrowelle, eine Kaffeepadmaschine, einige Hängeregale, einen Smoothiemaker, ein Bügeleisen, einen Staubsauger, Vorratsregale ...

Ach du meine Güte, mir brummte der Kopf!
Nun war es ja keineswegs so, dass Janie nicht schon Dinge für ihre Aussteuer gehabt hätte! Sie war schon stolze Besitzerin eines hochwertigen Kochtopfsets, von Geschirr und Besteck für zwölf Personen, sämtlichen Küchenutensilien und unfassbar vielen anderen, durchaus sinnvollen und notwendigen Dingen. Aber nun war doch noch unglaublich viel innerhalb recht kurzer Zeit zu besorgen. Und natürlich hatte meine Tochter ganz genaue Vorstellungen. Wenn sie denn schon ausziehen musste, wollte sie schließlich nicht Irgendwas in ihrer ersten eigenen Wohnung, war ja klar!

Also wurde im Internet rauf und runter geschaut, von einem Möbelhaus zum nächsten gefahren, verglichen auf Teufel komm heraus, gerechnet, neu geplant, wieder umgeplant, ...
Es war der Wahnsinn kann ich dir sagen!

Hast du auch schon erwachsene Kinder und kennst die Situation? Wenn ja, weißt du ja wovon ich rede. Wenn nein, bist du jetzt schon einmal vorgewarnt!

Innerhalb kürzester Zeit stapelten sich die Sachen für die Wohnung. Täglich brachte unser netter Postbote Ware, von kleinen Päckchen bis hin zu riesigen Paketen und bei uns fühlte es sich allmählich an wie in einem Warenlager. Diese Menge brachte das nächste Problem mit sich: wohin mit den ganzen Kartons???
In den Keller? Das wäre eine Möglichkeit gewesen, doch erstens wollte ich mich dort noch einigermaßen gefahrlos bewegen können und zweitens hätten wir dann alles mehrfach die Treppen rauf- und runterschleppen müssen. Keine gute Idee bei dem Gewicht und der Größe einiger Kartons!
Da wir dringend eine vernünftige Lösung brauchten und ich es als Mutter ja mittlerweile gewohnt war, für die Tochter seit Jahren völlig selbstverständlich meine eigenen Wünsche und Bedürfnisse hinten anzustellen, lagerte ich meinen PKW aus der Garage aus und wir funktionierten diese zum Möbellager um. Perfekt, denn so war alles ordentlich gestapelt an einem Ort und es war trocken und ebenerdig.
Der einzige Nachteil war, dass wir Winter hatten und ich nun nicht mehr bei Bedarf sofort losfahren konnte. Erst

einmal war Eis kratzen angesagt, aber egal! Alles für das liebe Kind.

Wir hatten im Nachhinein ein perfektes Timing an den Tag gelegt, denn genau zum Einzugstermin war meine Garage komplett voll! Es hätte wirklich nichts mehr hinein gepasst, und dabei standen die bisherigen Möbel noch alle in Janie´s Zimmer!!!

Wie konnte das denn sein?
Was war da schief gelaufen?
Was war das alles?
Waren das tatsächlich nur die dringend notwendigen Sachen?
Und wo sollten sie alle in der Wohnung untergebracht werden?

Erst war ich vollkommen erschlagen von der immensen Menge, die mir beim Öffnen des Garagentores beinahe entgegen sprang. Doch dann wurde mir schlagartig bewusst, dass diese ganzen Dinge tatsächlich für einen eigenen Haushalt notwendig waren. Schlimmer noch: es würde unter Garantie noch Einiges fehlen und hinzukommen!

Der Tag der Schlüsselübergabe war da, und voller Elan ging es ans Werk.
So ganz unmöbliert erschien die Wohnung wesentlich größer als wir sie in Erinnerung hatten. Klasse, das eröffnete ja völlig neue Möglichkeiten!

Als Erstes machten wir eine Bestandsaufnahme:

Anstreichen oder tapezieren war nicht notwendig, da die Wohnung komplett renoviert übergeben wurde! Hervorragend, Zeit und Arbeit gespart...
Also mussten doch nur ihre „wenigen" Habseligkeiten zwei Straßen weit transportiert und am neuen Domizil aufgebaut und eingeräumt werden. Endlich lief einmal etwas wie am Schnürchen. Das würde schnell gehen...

Der Vormieter hatte netterweise seine Küche dagelassen, da sie nicht in seine neue Wohnung passte. Sie war klein aber fein und sie war blau! Mein Mann und ich fanden sie wunderschön und außerdem sehr passend für eine junge Frau, aber da hatten wir - wie schon so oft im Leben - die Rechnung ohne die Tochter gemacht! Janie war absolut kein Freund einer blauen Küche und obwohl sie es bereits seit der Wohnungsbesichtigung wusste, gefiel sie ihr so plötzlich absolut nicht mehr!
Wie jetzt? Das war doch wohl nicht ihr Ernst?!
Nichts da, eine neue Küche gab es jetzt nicht auch noch on top oben drauf, da konnte sie sich auf den Kopf stellen.
Sicher weißt du schon, was jetzt kommt, oder?
Ich machte den glorreichen Vorschlag, dass man sie ganz modern umgestalten könnte, indem man sie mit einem weißen Hochglanzlack lackiert und diese Idee fand Janie super. Immerhin, Problem gelöst. Allerdings kam meinem Mann und mir dann diese höchst verantwortungsvolle Aufgabe zuteil!
Glückwunsch Anna, da hast du dir selber ein Ei ins Nest gelegt... Kannst du nicht einfach einmal deinen Mund halten? Mit der Zeit hätte meine Tochter sich doch bestimmt auch an die blaue Farbe gewöhnt!

Na ja, zu spät. Wir besorgten also Hochglanzlack und lackierten Janie´s komplette Küche in einem strahlenden Weiß. Das Ergebnis konnte sich sehen lassen, und es hat uns auch nur drei ganze Tage an Zeit gekostet bis wir vollends zufrieden waren…

Da der Umzug nicht aus einem kompletten Hausstand sondern lediglich aus dem Inhalt eines einzigen Zimmers sowie einer Garage bestand, sparten wie uns ein Umzugsunternehmen und transportierten alles selber.
Zur Erinnerung: es ging nur zwei Straßen weiter.
Im fliegenden Wechsel luden wir unsere PKWs voll und fuhren bis unters Dach voll beladen zur neuen Wohnung meiner Tochter. Es war der reinste Marathon: einladen, fahren, ausladen, zurückfahren, einladen, fahren, ausladen, zurückfahren,…
Kamen wir uns entgegen, winkten wir uns anfangs noch fröhlich und gut gelaunt zu. Im Laufe des Tages war das Winken dann irgendwann nicht mehr ganz so fröhlich sondern nur noch gestresst und genervt. Nahm das denn gar kein Ende mehr?
Wir schafften natürlich nicht alles an einem einzigen Tag, und so ging es am nächsten Tag mit frischem Mut wieder ans Werk.
Das absolute Highlight war der Transport eines riesigen Bücherregals vom schwedischen Möbelhaus. Es passte in keines unserer Autos, und das Zerlegen in seine sämtlichen Einzelteile sowie der Wiederaufbau hätten sehr viel Zeit in Anspruch genommen. Wie sollte das Regal in das neue Zuhause kommen? Ich hatte die - ursprünglich nicht Ernst gemeinte!!! - Idee, dass die beiden jungen und kräftigen Freunde meiner Tochter doch das schöne Wetter ausnutzen und das Regal einfach

zu Fuß die kurze Strecke tragen könnten. Schwer war es Gott sei Dank ja nicht. Wer hätte denn damit rechnen können, dass die Jungs meinen Vorschlag in die Tat umsetzen würden? Sie schnappten sich zu meinem grenzenlosen Erstaunen das Teil und machten sich auf den Weg.

Ich werde diesen Anblick nie vergessen und auch nicht die Blicke der Passanten, als die Zwei samt Regal durch die Straßen marschierten!!!

Dieser unerwartete Anblick hat zu einer allgemeinen Erheiterung geführt und mich persönlich für eine Weile sämtlichen Stress vergessen lassen.

Noch heute muss ich regelmäßig lachen, wenn dieses Bild wieder vor meinem geistigen Auge auftaucht!

KAPITEL 14

Das Gröbste war geschafft und alle Sachen waren am
neuen Zuhause von Janie angekommen.
Was dann folgte, war eine heilloses Durcheinander. Viel
zu viele Menschen wuselten durch die kleine Wohnung
und bauten Möbel auf, packten Kartons aus, räumten
Schränke ein, hängten Regale, Spiegel und Bilder auf,...

Und ich? Ich half an allen Ecken und Enden und fühlte
mich total verloren zwischen all diesen lieben Menschen.
Es war, also würde ich mir einen Film ansehen. Janie´s
bisheriges Leben zog inmitten dieses Gewusels immer
wieder an mir vorbei und ich fragte mich, in welche
Richtung sich unser Verhältnis zukünftig entwickeln
würde.

Hätten wir weiterhin täglich Kontakt, oder würde sie sich
ab jetzt nur noch sporadisch bei mir melden?
Dürfte ich auch weiterhin Anteil an ihrem Leben nehmen,
oder wüsste ich bald gar nichts mehr über sie?
Würde sie auch weiterhin Neuigkeiten oder kleine
Geheimnisse mit mir teilen, oder würden wir uns durch
die räumliche Entfernung zwangsweise auch seelisch
voneinander entfernen?
Würde es noch die Küsschen und das „ich hab dich lieb"
zwischen uns geben?

Je mehr sich das Kartonchaos lichtete, desto ruhiger und
deprimierter wurde ich!

Ja, ich hatte es selber gewollt da es so nicht mehr weiterging, aber würde ich mit dieser veränderten Situation auch klar kommen?
Und wie würde Janie sich fühlen, wenn sie zukünftig alleine in ihrer Wohnung war? War es denn nicht traurig, immer in eine leere Wohnung zu kommen wo nie jemand auf sie wartete? Wo keiner sie nach ihrem Tag fragte? Wo sie mit niemandem reden konnte?

Ich kann mich noch sehr gut daran erinnern, dass ich immer wieder heimlich zu ihr herüberschaute und versuchte, ihr Gefühlsleben zu ergründen.
Und dass ich krampfhaft versuchte, mir nichts anmerken zu lassen und bloß nicht in Tränen auszubrechen.

Mensch Anna, jetzt reiß dich mal zusammen!

Dies war kein Abschied für immer, sondern mein Kind zog lediglich aus! Das normalste der Welt, diese Situation durchlebten früher oder später alle Eltern, also warum machte ich solch ein Drama daraus?
Wahrscheinlich, weil diese Entscheidung nicht von einem Wunsch meiner Tochter her rührte...
Ich fühlte mich unglaublich mies und schuldig, und mit diesen Schuldgefühlen würde ich ab jetzt wohl den Rest meines Lebens klarkommen müssen!
Ich hatte das doch nicht gewollt, ich war noch gar nicht soweit!
Und sie? War sie soweit? Hatten wir ihr wirklich alles Wichtige beigebracht, um auf eigenen Beinen zu stehen? Konnte sie einen Haushalt führen? Die richtigen Entscheidungen treffen? Vernünftig mit ihrem -

zugegebenermaßen nicht gerade geringen - Einkommen umgehen? Würde sie sich gesund ernähren? Würde sie...

Glaube mir, die Liste meiner Gedanken und Fragen alleine hätte schon ein ganzes Buch füllen können! In meinem Kopf fuhren die Sorgen und Ängste fröhlich jauchzend Achterbahn, und mir war einfach nur furchtbar übel.

Ein neuer Lebensabschnitt für Janie und mich begann und ich war ängstlich, wie es weitergehen würde.

Die Umzugshürde war genommen, aber ich war an einem seelischen Tiefpunkt angekommen...

KAPITEL 15

Nun war sie also weg, meine Tochter.

Zwar nicht wirklich weit weg, aber weg aus unserem Haus.

Also genau genommen nur räumlich und da auch nur ein ganz kleines bisschen weg, aber eben trotzdem weg.

Weg von ihrem Platz am Tisch während unserer Mahlzeiten...

Weg mit ihren Jacken aus unserem Garderobenschrank...

Weg mit ihren Schuhen im Eingangsbereich oder auf der Treppe...

Weg mit ihren Make-up Utensilien, ihren unzähligen Haargummis, -klammern, -spangen, ihren Parfums, ihrer elektrischen Zahnbürste und den ganzen anderen lebensnotwendigen Dingen einer jungen Dame im Bad...

Weg mit ihren hunderten von Büchern...

Weg mit ihrer teils extrem lauten Musik...

Weg mit ihren Nörgeleien...

Weg mit ihrer allmorgendlichen Muffeligkeit...

Weg mit ihrem unbeschreiblichen Chaos...

Weg mit ihren andauernden Sonderwünschen...

Aber auch:

Weg mit ihren Hilfestellungen, wenn ich wieder einmal Streit mit meinem Smartphone oder Laptop hatte...

Weg mit den lieben kleinen Aufmerksamkeiten, die sie mir immer gerne mitbrachte...

Weg mit dem Begrüßungssatz „Hallo Mutti, was gibt's zu essen?"

Weg mit ihrem „Weißt du eigentlich schon...?"

Weg mit ihrem mitreißenden Lachen...

...

Janie war einfach weg!!!

ich hatte ja ernsthaft gedacht, ich würde durch ihren
Auszug zur Ruhe kommen, doch das Gegenteil war der
Fall.
Ich kämpfte immer häufiger völlig grundlos mit den
Tränen und war schlecht gelaunt. Ich konnte mich
plötzlich auf nichts mehr konzentrieren und es gab auch
nichts, was mich ablenkte.
So hatte ich mir meinen neuen Lebensabschnitt in
meinen kühnsten Träumen nicht vorgestellt!
Was war denn nur los mit mir?
Je älter meine Tochter wurde, desto weniger hatte ich
mich doch um sie kümmern müssen und desto mehr
hatte ich im Laufe der Jahre mein eigenes Leben
zurückbekommen.
In ihren ersten Lebensjahren drehte sich mein Leben
natürlich quasi ausschließlich um Janie.
Als sie vier Jahre alt wurde, besuchte sie vormittags den
Kindergarten und nachmittags trafen wir uns der Reihe
nach mit ihren Freundinnen und deren Müttern. Dies
setzte sich im Grundschulalter fort, und während die Kids
zusammen spielten - oder auch um das eine oder andere
Spielzeug stritten - redeten wir Mütter über Gott und die
Welt. Meistens aber natürlich über unseren Nachwuchs.

„Stell dir vor, was ... neuerdings macht!"
„... sagte doch gestern ... zu mir!"
„... mag plötzlich absolut keine Bananen mehr essen!"
„Seit letztem Sonntag kann ... ohne Stützräder Fahrrad
fahren!"
...

Herrlich, diese tiefgründigen Gespräche. Hätte mir jemand vor der Geburt meiner Tochter vorausgesagt, das ich einmal solche Gespräche führen würde, hätte ich ihn nicht für voll genommen und mir an den Kopf getippt. Aber so konnte man sich ändern. Immerhin war es mir gelungen, ab dem ersten Tag vernünftig und nicht in einer Babysprache mit meinem Kind zu reden. So etwas war für mich von jeher schon schwer zu ertragen gewesen.

Du kennst sie doch sicher auch, die Erwachsenen, die aus einem Hund plötzlich einen „Wauwau", aus einer Katze eine „Mimi", aus einem Bett eine „Heia" oder aus etwas zu essen ein „Happa" machen?! Wie bitte sollen Kinder da vernünftig reden lernen?

Aber in Ordnung, jeder wie er mag...

Oh, hoffentlich gehörst du nicht auch zu diesen Menschen und fühlst dich jetzt von mir angegriffen oder beleidigt??? Sollte dies der Fall sein, entschuldige ich mich hiermit öffentlich und aufrichtig bei dir! Das lag nicht in meiner Absicht, sondern ist eben meine ganz persönliche Einstellung. Schwamm drüber, OK?

Zurück zum Thema...

Als meine Tochter auf die weiterführende Schule wechselte, fanden Spielnachmittage oder andere Treffen mit Freundinnen natürlich ohne uns Mütter statt. Wir setzten wir unsere Treffen im Umkehrschluss ohne unsere Kinder fort und die Gespräche erreichten wieder ein anderes Niveau.

So nach und nach war ich zwar immer noch eine begeisterte Mutter, doch eben nicht mehr nur!

Ich wurde wieder immer mehr eine eigenständige Person. Dies war ein schleichender, natürlicher Prozess, den sicher alle Eltern kennen. Und auch wenn ich die Zeit mit meiner Tochter sehr genossen hatte, so freute ich mich doch auf die Zukunft.
Natürlich immer noch mit meiner Tochter, aber auf einer völlig anderen Ebene.
Wir würden weniger ein Mutter-Tochter-Verhältnis haben sondern eher ein freundschaftliches.

Wenn Janie älter war, würden wir bestimmt auch eine wunderschöne Zeit miteinander verbringen.
Wir würden zusammen shoppen gehen, uns in puncto Kleidung oder Frisur beraten, Frauengespräche führen, kleine Geheimnisse miteinander haben, uns absolut auf Augenhöhe begegnen und uns blind verstehen und vertrauen.

Eben so, wie ich es bereits mit meiner eigenen Mutter hatte.

Ja, das war erstrebenswert und so würde es bestimmt auch kommen…

So hatte ich es mir immer vorgestellt, doch die Realität sah aktuell ganz anders aus!
Oder vielleicht doch nicht?
Ich sah wahrscheinlich einfach wieder einmal nur Probleme, wo keine waren und müsste nur gelassen abwarten.
Es war doch alles gut.

Es stand nichts zwischen uns, und wir waren auch nicht zerstritten.
Der Nachwuchs war lediglich flügge geworden und startete ein mehr oder weniger eigenes Leben.

Ich kannte meine Tochter: sie würde auch weiterhin jederzeit meinen Rat einholen und um Hilfe bitten. Mir weiterhin - ab sofort vielleicht sogar noch mehr als bisher - alles Mögliche erzählen und ganz bestimmt häufig bei uns vorbeikommen.
Das war kein Ende, sondern eine Chance!
Eine Chance, unser Verhältnis wieder zu intensivieren und zueinander zurückzufinden. Es war doch gar nicht soviel anders als bisher.
Sie schlief nicht mehr hier, demnach hatte ich weniger Wäsche zu waschen, mehr Platz im Haus um mich auszubreiten (klasse, ich konnte jetzt oben mein Nähzimmer einrichten, perfekt!), weniger Ausgaben für Lebensmittel, mehr Ruhe und somit mehr Zeit für mich, …

Ich gebe zu: Janie´s Auszug hatte objektiv betrachtet auch einige - wenn auch nur kleine - Vorteile, und mein gesunder Menschenverstand würde mir bestimmt wieder auf den rechten Weg helfen.
Ich brauchte lediglich ein wenig Zeit, mich mit der neuen Situation auseinanderzusetzen...

KAPITEL 16

In den ersten Wochen half ich Janie täglich dabei, sich häuslich im neuen Domizil einzurichten.
Wir entschieden, was in welchen Schrank oder auf welches Regal kommt, welches Teil wo am besten zur Geltung kommt, welcher Platz am besten für Dieses oder Jenes geeignet ist, welches die sinnvollste Lösung für ... ist und so weiter.
Es war zwar zeitweise stressig, aber auch wirklich schön.
Wir verbrachten viel gemeinsame Zeit und hatten jede Menge Spaß.
Zwischendurch tranken wir in unseren Schaffenspausen gemeinsam Kaffee aus der neuen Padmaschine oder ließen uns an ihrem neuen multifunktionalen Klapptisch gemütlich ein Stückchen Kuchen schmecken. Alles verlief überwiegend harmonisch und vor allen Dingen ohne die bisherigen alltäglichen Diskussionen! Herrlich!!!
Vielleicht brachte die räumliche Trennung ja doch völlig automatisch unsere frühere Harmonie zurück und ich hatte mir absolut grundlos einen Kopf gemacht...
Meine Tochter und ich sahen uns nach wie vor täglich.
Mal, wenn sie von der Arbeit erst zu uns kam, bevor sie in ihre Wohnung fuhr. Ein anderes Mal, wenn sie etwas Fehlendes ausborgen - oder dauerhaft entführen! - kam...

Wir machten gemeinsame Besorgungen für die Wohnung, bestückten den Vorratsraum mit Konserven, Nudeln, Reis, Mehl, Zucker, Getränken, Toilettenpapier, Waschmittel, Küchenrollen, ... kurzum: Janie war ausgestattet und auf allen Eventualitäten vorbereitet.

Sollte dennoch einmal etwas fehlen, waren wir ja immer noch in greifbarer Nähe. Sie kannte schließlich unsere Telefonnummern und besaß ja auch noch einen Haustürschlüssel von uns. Was sollte da noch schiefgehen?

Ich war guter Dinge, dass meine Tochter sich vernünftig ernähren würde. Wie es ging, wusste sie, und die entsprechenden Voraussetzungen hatte ich schon vor Jahren geschaffen.

Fast Food war bei uns nie ein großes Thema, denn sowohl mein Mann als auch ich sind begeisterte Köche. Selbst Gekochtes schmeckt uns einfach besser, und schon als Fünf- oder Sechsjährige verkündete Janie lauthals, dass sie, wenn sie groß wäre, so kochen wolle wie Mama oder Oma!

Damals fand ich das niedlich, doch ihre Einstellung änderte sich auch nicht, als sie langsam älter wurde! Gibt es ein schöneres Kompliment???

Ich nahm das zum Anlass und begann schon, als Janie etwa dreizehn Jahre alt war, ihr ein persönliches Kochbuch zu gestalten mit ihren ganzen Lieblingsrezepten, welches ich nach und nach erweiterte. Das verwöhnte Töchterlein mochte am liebsten selbst gekochten Rotkohl („bloß keinen fertigen aus dem Glas!"), meine Joghurt-Salatsoße, meinen legendären Erbseneintopf mit Mettenden und Bockwürstchen, meine Kohlrouladen, meinen Nudel- und Kartoffelsalat, meine süße Lasagne, … um nur einige wenige Dinge aufzuzählen. Das Kochbuch lag bereit, und zu ihrem Auszug hatte ich es ihr überreicht.

Du kannst dir gar nicht vorstellen, wie sehr sie sich

gefreut hat, auch wenn sie das eine oder andere Gericht inzwischen auch schon ohne Anleitung kochen konnte.

Eine kleine Sorge hatte ich bei all dem allerdings: ich kannte meine Tochter nur zu gut und fragte mich ernsthaft, ob sie ihre Einstellung zu selbst Gekochtem auch jetzt noch beibehalten würde. Alle diese leckeren Dinge im „Hotel Mama" zu essen war ja die eine Sache, aber sich vorher die Arbeit dafür zu machen eine ganz andere...

Würde sie wirklich zum Beispiel einen Rotkohl kaufen, ihn sowie Zwiebel und Äpfel schälen und in kleine Stückchen schneiden, sich sämtliche Gewürze zulegen und alles dann stundenlang kochen? Ganz bestimmt nicht!

Wenn überhaupt, würde sie sicher ab sofort die von mir so verpönten Fix-Tütchen verwenden und einige Zutaten zusammen rühren...

Nun ja, wenn sie damit zufrieden wäre, wäre es ihre Sache! Das ging mich ab sofort nichts mehr an...

Es gab allerdings auch noch die - noch wesentlich schlimmere - Möglichkeit, dass Janie aus Zeitgründen und Bequemlichkeit von nun an vielleicht doch auf Fast Food zurückgreifen würde! Das wäre durchaus denkbar weil praktisch und schnell! Sie müsste keine Zeit verschwenden mit einkaufen,kochen, abwaschen, wegräumen,...

Um Himmels Willen, alles nur das bitte nicht!!!

Ob sich wohl jede Mutter solche Gedanken machte?
Oder war ich zu extrem?
Loslassen hieß das Zauberwort, aber konnte ich das (schon)???

Wenn Janie nun anders leben würde als von mir erwartet, käme ich dann damit klar? Ließe ich sie gewähren, oder gäbe ich ihr - natürlich ungefragt - immer Ratschläge und würde zur besserwisserischen Nervensäge mutieren?

Sie sollte doch erwachsen werden und ihr eigenes Leben leben können.
Wo genau lag die Grenze zwischen machen lassen und einmischen?
Ich war mir nicht sicher, ob ich das richtige Maß finden würde.
Die Töchter meiner Freundinnen wohnten noch Zuhause, da konnte ich also keine Ratschläge einholen. Im Gegenteil, sie fanden es super dass ich ihnen welche würde geben können, wenn sie in meine Situation kämen.
Herzlichen Dank, damit war mir leider nicht geholfen!

Nicht nur Janie, sondern auch ich würde meinen Weg finden müssen.

Die Hürde der Nestflucht war zwar genommen, doch es würden noch einige Andere auf mich warten...

KAPITEL 17

Die Zeit verging, und Janie lebte sich ganz gut in ihrer Wohnung ein. Zwar merkte ich sehr schnell, dass sie mit dem Haushalt, ihrer Arbeit und dem Lernen für ihr Examen manchmal etwas überfordert war, doch ich bewahrte Ruhe und hoffte auf den Zeitpunkt, wenn sie ihr Examen in der Tasche hätte. Wenn sie nicht mehr so viel lernen müsste, käme sie sicher besser mit ihrer Zeiteinteilung klar...

Etwa ein halbes Jahr nach ihrem Auszug schimpfte meine Tochter sich examinierte Altenpflegerin, und die Berufswelt stand ihr offen. Pflegekräfte wurden - und werden - ja allerorts händeringend gesucht, und so konnte sie sich ihre zukünftige Wirkungsstätte aussuchen. Zu unserem Entsetzen entschied sie sich direkt nach der Prüfung für eine Tätigkeit in der häuslichen Intensivpflege!
Das alleine hielten wir schon für völlig unangebracht in ihrem Alter, doch zu allem Überfluss wählte sie dann auch noch die Variante mit Tag- und Nachtdienst!!! Dies bedeutete, dass sie alleine für eine einzige schwerstbehinderte und intensiv beatmete Person verantwortlich war.
Diese Verantwortung war in unseren Augen nichts für eine gerade einmal achtzehnjährige Person, doch Janie ließ sich nicht von ihrer Entscheidung abbringen.
Klar, sie war volljährig und wir konnten kein Veto mehr einlegen, aber wir sahen die Probleme schon auf uns zurollen...

Uns war bewusst, dass sie dieser Belastung und Verantwortung (noch) nicht gewachsen war, doch wir waren zum Zuschauen und Abwarten verdammt. Wahrscheinlich sah sie in erster Linie den unglaublich hohen Verdienst, den sie durch diese Tätigkeit erzielen konnte und war deshalb mit einer Art Scheuklappen unterwegs, doch Geld war schließlich nicht alles!

Janie startete also voller Elan in ihren neuen Job, und die ersten Tage verliefen erstaunlich gut. Die von ihr zu pflegende und zu versorgende Person war eine sehr sympathische Dame mittleren Alters, die unter der Nervenkrankheit ALS litt, komplett bewegungsunfähig war und ausschließlich über ihren Computer kommunizieren konnte. Sie benötigte rund um die Uhr Pflege und Überwachung, und dies war im Wechsel mit einer anderen Kollegin die Aufgabe meiner Tochter! Diese Verantwortung war unbeschreiblich und definitiv nichts für eine achtzehnjährige Berufsanfängerin ohne jegliche Erfahrung!
Die Dienste tagsüber - natürlich jeweils zwölf Stunden - waren schon extrem anstrengend, doch zwölf Stunden nachts waren beinahe unerträglich für Janie.
Während sie tagsüber noch beschäftigt war mit Mahlzeiten pürieren, Spaziergängen mit Elektrorollstuhl und Hund, Körperpflege etc., saß sie nachts im Dunklen neben ihrer Patientin und hatte lediglich die Aufgabe, deren Vitalfunktionen zu überwachen und im Notfall einzugreifen.
Sie hielt sich ausschließlich mit Energydrinks wach und konnte nach Feierabend tagsüber nicht schlafen.
Ein Teufelskreis!

Wir bemerkten bereits nach kürzester Zeit eine beunruhigende Veränderung in Janie´s Wesen und versuchten verzweifelt, an ihre Intelligenz zu appellieren, doch ohne Erfolg! Sie befand sich noch in der Probezeit und hätte problemlos eine andere Tätigkeit annehmen können, doch wir stießen auf taube Ohren.

Mein Mann akzeptierte die Situation zähneknirschend recht schnell, aber ich konnte absolut nicht damit umgehen und diskutierte unentwegt. Ich konnte nicht tatenlos zusehen, wie meine Tochter sich selbst zugrunde richtete.

Kampflos aufgeben war für mich keine Option.

Ich versuchte herauszufinden, warum sie so an diesem Job festhielt und in Kauf nahm, dass er sie zerstörte.

Wollte sie sich oder uns etwas beweisen?

Wollte sie zeigen, wie erwachsen sie schon war und fähig, Verantwortung zu übernehmen?

Ich suchte täglich das Gespräch, doch aus Janie war kein vernünftiges Argument herauszubekommen. So kamen wir nicht weiter. Anscheinend wollte sie weder sich noch uns gegenüber eingestehen, dass sie eine falsche Entscheidung getroffen hatte.

Da war doch nichts dabei. Sie war noch jung und musste erst lernen, ihren Weg zu finden. Irrungen und Wirrungen gehörten dazu, doch sie musste zu ihrer Fehlentscheidung stehen, bevor diese sie zerstörte!

Nach etwa einem Monat schon war Janie weder optisch noch charakterlich wiederzuerkennen...

Sie hatte tiefe Augenringe (logisch, da sie keinen Schlaf mehr finden konnte), war blass wie ein Kalkeimer, mürrisch und antriebslos und hatte bereits nach so kurzer Zeit schon etwas an Gewicht zugelegt!!!
Wen wundert es? Nachts überlebte sie nur mit ihren zuckerhaltigen Energydrinks und tagsüber fehlten ihr die Zeit und besonders die Lust, etwas zu kochen. Mit Fast Food vom Lieferservice oder Tiefkühlpizza konnte man doch auch hervorragend überleben!

Meine allerschlimmsten Befürchtungen hatten sich bewahrheitet!!!

Sie hätte die Notbremse ziehen müssen, jetzt und sofort, doch sie tat es nicht.
Wir hatten sie beinahe soweit, sich um eine andere Tätigkeit zu bemühen, als das erste Gehalt auf ihrem Konto war!
Mit so einem Betrag hätte sie nie und nimmer gerechnet!!!
Wir übrigens auch nicht!!!
Das war eine unglaubliche Summe, und „ZACK" war es DER Job…

Oh nein, was nun???
Wenn eine so junge Frau soviel Geld verdient, welche Gegenargumente können da noch helfen?
Gesundheit? Egal!
Schlaf? Egal!
Figur? Egal!
Laune? Egal!

„Hey, ich bin achtzehn und verdiene ein Schweinegeld!!!
Das hat ja sonst niemand von meinen Bekannten, ich
kann mir alles leisten, was ich möchte!"

„Sensationell Janie, glaubst du das wirklich?
Was nutzt dir das ganze Geld wenn du keine Zeit hast, es
auszugeben? Dein Leben besteht aktuell nur noch aus
Arbeit und dem Versuch zu schlafen. Du hast keinen
Rhythmus mehr und schädigst deinen Körper!"

„Halb so wild, das schaffe ich schon. Ich bin doch noch
jung und werde mich daran gewöhnen. Außerdem
befinde ich mich noch in der Wachstumsphase. Da ist es
normal, wenn man ein bisschen zulegt. Und wofür gibt es
schließlich Internet und Lieferservice?"

Egal, was ich sagte... meine Tochter setzte ihren Sturkopf
durch und machte weiter wie bisher.
Ihre jugendliche Unbekümmertheit in allen Ehren, doch
mir standen die Haare zu Berge und ich bekam es mit der
Angst zu tun.
Wenn circa ein Monat bereits solche negativen
Auswirkungen hatte, wie würde es dann in einem halben
Jahr aussehen???

Geld war nicht alles, doch für Janie in diesem Moment
schon!!!

Anscheinend war ich doch noch nicht am Zenit meines
Leidensweges angekommen...!

KAPITEL 18

Der Job hatte eine absolut zerstörerische Wirkung auf Janie und damit verbunden auch auf mich!!!

Wie sich das äußerte?
Ganz einfach:
Sie ernährte sich nahezu fast ausschließlich von Fast Food, Tiefkühlpizza, Fertiggerichten, Energydrinks und süßen Säften. Zum Frühstück nahm sie entweder gezuckerte Frühstücksflocken oder Brot mit Nussnougatcreme zu sich.
Hatte sie frei, lag sie bald nur noch entweder mit einem Buch in der Hand auf ihrem Bett und ließ sich dabei so „gesunde" Dinge wie Schokolade, Kartoffelchips, Gummibärchen oder ähnliches schmecken oder sie quälte das Internet und bestellte alle möglichen und vollkommen unnützen Dinge!!!

Sie war volljährig, lebte alleine in ihrer Wohnung und hatte Geld...

Sie lebte wie sie es wollte und niemand konnte sie daran hindern. Auch ich nicht!

Wir sahen uns nicht mehr täglich, denn war sie Zuhause, versuchte sie zu schlafen.

Wenn ich sie sah fragte ich mich erschrocken: War das wirklich noch meine Tochter?

Wie konnte sie sich in so kurzer Zeit dermaßen verändert haben? Mir war vorher nicht bewusst, dass so etwas überhaupt möglich war!

Hin und wieder kam sie zu uns, doch in ihrer Wohnung war ich schon länger nicht mehr erwünscht.
Warum nicht?
Ich hatte zwar einen Schlüssel, doch ich ging nicht einfach so zu ihr. Ich versuchte immer wieder, mich mehr oder weniger selbst einzuladen, doch Janie blockte mit fadenscheinigen Ausreden permanent ab.

- Ich muss schlafen
- Ich habe keine Zeit
- Ich muss noch einkaufen
- Ich bekomme Besuch
- Ich bin unterwegs
- ...

Kannst du nachvollziehen, dass ich immer wieder mit mir gerungen habe, ihr trotzdem einfach einen Besuch abzustatten?
Meine Tochter schien doch etwas vor mir zu verbergen?!
Ich machte mir schreckliche Sorgen und malte mir die wildesten Szenarien aus. Irgendeinen Grund musste ihr abweisendes Verhalten Besuchern gegenüber doch haben...
Wie bereits früher schon einmal erwähnt, bin ich ja ein sehr sauberkeits- und ordnungsliebender Mensch. Ich brauche das einfach, um mich wohlzufühlen.
Und du kennst Janie inzwischen schon gut genug um zu wissen, dass sie diese Vorlieben nicht unbedingt teilt!

Aus diesen Gründen war es hier schon immer wieder zu Streitigkeiten gekommen, und sicher sah ihre Wohnung mittlerweile nicht mehr viel anders aus als ihr Zimmer früher bei uns!

Wahrscheinlich wusste sie, dass ich wieder über den einen oder anderen Zustand meine Kommentare abgeben würde, und genau das wollte sie garantiert vermeiden.

Kann ich ja nachvollziehen, aber ich meinte es doch nur gut und wollte sie unterstützen. Es war absolut nicht böse gemeint!

Nun versuche mal, dies einem achtzehnjährigen Sturkopf plausibel zu machen...

Die erste - wenn auch nur sehr kurze - Wende kam, als meine Tochter uns überraschend eines Tages zu Kaffee und Kuchen einlud.

Nanu, wir wurden eingeladen? Einfach so? Was bedeutete „Ich habe eine Überraschung für euch, ihr werdet es sehen."?

Wollte ich es wirklich sehen???

Ich war auf das Schlimmste gefasst und machte mich mit mulmigem Gefühl auf den Weg.

Mein erster Eindruck fiel erstaunlich positiv aus! Es ging doch und war wesentlich besser als erwartet.

Natürlich ließ ich unauffällig meinen Blick in sämtliche Richtungen schweifen und entdeckte auch einige Dinge unter dem Bett (hätte sie die Tagesdecke besser geglättet, wäre es gar nicht aufgefallen!) und in den Ecken aber hey, das war nicht meine Wohnung! Janie musste sich wohlfühlen, und das tat sie anscheinend.

Großartig verändert hatte sich nicht viel in der Wohnung (mit der Ausnahme, dass sich erstaunlich viele Kartons in allen Größen stapelten), also wo oder was war die Überraschung???

Und dann verließ sie das Zimmer und kam mit einer kleinen Katze auf dem Arm zurück!!!
Oh nein, bitte nicht!
Janie strahlte glücklich und war unglaublich verliebt in diese kleine Fellnase, doch mir zog sich der Magen zusammen.
Wir wussten, dass sie gerne eine Katze haben wollte und konnten es auch durchaus nachvollziehen. Immerhin habe ich selber auch einen Stubentiger, doch die häuslichen Gegebenheiten sind komplett andere!!!
Einer von uns ist meistens Zuhause und unsere Katze ist nie länger als maximal sechs Stunden alleine. Wir haben einen gesicherten Balkon und einen großen, rundherum gesicherten Garten und sie kann sich im gesamten Haus auf allen Etagen frei bewegen. Passt...
Hingegen bei meiner Tochter sah es folgendermaßen aus: kleine Wohnung mit ungefähr fünfundvierzig Quadratmetern, Abwesenheit täglich etwa dreizehn Stunden mit anschließenden Schlafversuchen, Kitten zu klein und auch noch viel zu früh für Freigang. Passt NICHT!
Diese Aktion war zum Scheitern verurteilt und würde auf Kosten des Katers gehen. Er konnte doch unmöglich so lange alleine sein, was war das für ein Leben?
Wir hatten immer versucht, ihr eine Fellnase für ihre Wohnung auszureden, da ein Tier definitiv nicht in ihr aktuelles Leben passte. Sie war viel zu selten Zuhause und hatte nicht genug Zeit.

Und flog sie nicht in drei Wochen gemeinsam mit ihrem Freund für zehn Tage nach London? Was passierte denn dann mit Simba (Anmerkung: so hieß der kleine niedliche Zwerg)???

Dir ist sicherlich schon klar, dass die Stimmung sehr schnell kippte, als mein Mann und ich begannen Fragen zu stellen!

Woher hatte sie den Kater, und vor allen Dingen seit wann schon? Warum hatte sie es heimlich gemacht, statt mit uns zu reden? Wie stellte sie sich ihr und sein Leben vor?

Kurz und knapp: Sie hatte Simba von einer Freundin, er war erst seit einigen Tagen bei ihr und alles lief super. Aha!
„Und was ist mit London oder wenn du - wie bisher auch immer gerne - für ein oder zwei Tage unterwegs bist?"
„Ich dachte, dann bringe ich ihn zu euch, ihr liebt doch Katzen und Hayley (Anmerkung: unsere ältere Katzendame) freut sich bestimmt:"

Wie bitte??? Wir schlackerten mit den Ohren und schüttelten sehr energisch die Köpfe. Daher also wehte der Wind. Wir sollten nur den kleinen Mann kennenlernen, um ihn zukünftig zu beherbergen. Das konnte sie sich abschminken! Es war absolut nicht praktikabel, und den armen Simba traf keine Schuld! Meine Hayley ist eine ältere Dame aus dem Tierschutz.

Sie wurde im Wald ausgesetzt völlig unterernährt aufgefunden, nachdem sie wohl zu alt für weitere Vermehrungen (Zucht möchte ich solche Machenschaften nicht nennen!) war und ist Leukose positiv getestet. Auch wenn sie seit Jahren keinerlei Anzeichen dieser Krankheit aufweist und sie voraussichtlich auch niemals ausbrechen wird, muss sie wegen der Ansteckungsgefahr dennoch alleine gehalten werden! Außerdem ist sie eine BKH (British Kurzhaar), die vom Naturell her schon äußerst Ruhe liebend sind. Außerdem führen drei offene Treppen durch unser Haus. Wie hatte Janie sich das denn bitteschön vorgestellt? Der Kleine war noch nicht einmal geimpft, und selbst wenn wäre es bei uns viel zu gefährlich für ihn.
Wir waren definitiv keine Option!!!

Lange Rede, kurzer Sinn: sie kam einige Tage später mit Simba zu uns zu Besuch. Er fühlte sich wohl und sauste durch unser Wohnzimmer, nervte Hayley bis sie ihm kurz und knapp zu verstehen gab, dass sie weder sein Mutterersatz noch seine Spielkameradin sein wollte und die Fronten waren geklärt.
Janie verstand…

Gut zwei Wochen später hatte sie endlich schweren Herzens eingesehen, dass sie Simba nicht das passende Zuhause bieten konnte und willigte ein, ihn abzugeben. Durch unsere befreundete Katzennothilfestelle vermittelten wir ihn in ein herrliches „Für-immer-Zuhause" mit Spielkamerad, Garten und Freigang.

Wieder eine - absolut unerwartete - Hürde genommen!

KAPITEL 19

Nachdem Simba nun weg und ich eh mehrmals in Janie´s Wohnung war, war ich fürs Erste wieder willkommen.

Ich war überglücklich und fühlte mich nicht mehr aus dem Leben meiner Tochter ausgeschlossen.
Ich durfte bei den Vorbereitungen ihrer Reise nach London helfen und sogar ein wenig mit ihr gemeinsam die Wohnung aufräumen. Dabei kam erst einen Tag vor Antritt ihrer Reise das gesamte Ausmaß des Durcheinanders zum Vorschein! Dumm ist mein Kind zweifelsohne nicht, und so hatte sie vorher ganz clever unzählige Kartons, mehr oder weniger leere Milchpackungen, Essensreste, Abfall, schmutzige Wäsche und andere spannende Dinge ganz scheinheilig in sämtlichen Schränken, Ecken, unter dem Bett und im Abstellraum deponiert! Und in ihrer Küche stapelte sich das benutzte und schmutzige Geschirr mangels Platz tatsächlich auch noch meterhoch auf dem Fußboden...

Du kannst dir nicht vorstellen, was ich alles vorgefunden habe. Dagegen war ihr Zimmer bei uns im Haus wirklich sauber und ordentlich gewesen!

Ich war sprachlos, und dieses Chaos zog mir den Boden unter den Füßen weg...
So konnte es auf gar keinen Fall bleiben. Dieser Zustand war beinahe schon als gesundheitsgefährdend zu bezeichnen.

Hier musste dringend gehandelt werden, doch am
nächsten Tag würde sie ganz entspannt für zehn
Tage nach London abheben...

Ich wünschte mir auch noch einmal meine jugendliche
Gelassenheit zurück, doch ich war eben keine achtzehn
mehr und machte mir über jedes und alles Gedanken.

Tausend Fragen jagten mir durch den Kopf:

- wo kamen diese ganzen Kartons her?
- wieso wusch sie ihr Geschirr nicht ab?
- warum hatte sie so viel Schmutzwäsche, wenn doch im
  Bad Waschmaschine und Wäschetrockner standen?
- weshalb entsorgte sie ihren Abfall nicht?
- funktionierte der Staubsauger nicht mehr?
- warum bewahrte sie angebrochene Milchpackungen
  nicht im Kühlschrank auf?
- wonach roch es hier so unangenehm?
- sollte ich mich besser mit Gummihandschuhen und
  Atemschutzmaske hier bewegen?
- war das jetzt alles, oder würde sie noch mehr aus den
  Untiefen ihrer Wohnung hervorzaubern?
- in welchem Zeitraum genau hatte sie diese ganzen
  Dinge angesammelt?
- bemerkte sie überhaupt nicht, wie sie lebte?
- fühlte sie sich inmitten dieser Unordnung wohl?
- würde sie zeitnah zur Besinnung kommen?
- würde man aus diesem Trümmerhaufen wieder die
  zauberhafte, gemütliche Wohnung machen können?
- ...

Hier musste gehandelt werden, und zwar jetzt und sofort!!!

Janie packte ihren Koffer zu Ende während ich mich daran machte, diese Unmengen an Kartons zu zerreißen. Fein säuberlich legte ich eine Pappe auf die andere und nach und nach wurde es übersichtlicher.
Während wir vor uns hin arbeiteten berichtete meine Tochter mir kleinlaut auf meine Nachfragen, dass sie seit Monaten höchst intensiv Onlinekäufe getätigt hatte. Sie hätte schließlich keine andere Möglichkeit mehr gehabt, da sie zu Ladenöffnungszeiten entweder arbeiten oder schlafen würde.
Da war natürlich etwas Wahres dran, doch es stellte sich die Frage, was genau sie bestellt hatte und ob alle diese Dinge wirklich notwendig gewesen waren.
Auch in diesem Punkt gingen unsere Meinungen wie gewohnt meilenweit auseinander.
Diskussionen waren in dieser Situation überflüssig und ich wollte auf gar keinen Fall die Chance verspielen, auch weiterhin die Wohnung meiner Tochter betreten zu dürfen. Selbstverständlich war dies ja nicht, wie wir beide wissen. Ein Wort zu viel von mir, und das Blatt hätte sich sofort wieder gewendet.

Bis zum Abend hatten wir es geschafft, Altpapier und Abfall teilweise zu entsorgen und ich versprach - wenn auch gegen meine Überzeugung - Janie´s Wohnung während ihrer Abwesenheit in den nächsten anderthalb Wochen fernzubleiben...

KAPITEL 20

Ich weiß, ich hatte etwas Anderes versprochen, und im Allgemeinen halte ich natürlich auch meine Versprechungen. Doch als Janie Richtung London unterwegs war konnte ich nicht anders...
Ich nutzte die Gunst der Stunde oder idealerweise sogar der Tage und brachte heimlich ihre Wohnung auf Vordermann.

Ich hatte ehrlich gestanden schon ein ziemlich schlechtes Gewissen, doch der Zweck heiligt die Mittel.
Das Kind würde sich nach ihrer Rückkehr ganz bestimmt riesig freuen und mir dankbar sein...

Sie hatte in der letzten Zeit schlicht und ergreifend viel zu viel Stress gehabt und war total ausgelaugt. Da konnte niemand erwarten, dass sie sich zusätzlich auch noch mit Elan um ihren Haushalt kümmerte!

Mein Mann war entschieden gegen meine Aktion, doch ich ließ mich durch nichts und niemanden davon abbringen.

Ich wusch - und bügelte - tagelang ihre gesamte Wäsche und stellte sie fein säuberlich in Wäschekörben sortiert in ihre Wohnung. Das gesamte abgewaschene Geschirr räumte ich zurück in die Schränke (auch wenn Janie immer der Meinung war dies wäre Zeitverschwendung, da sie es doch am nächsten Tag sowieso wieder bräuchte!), ich wischte in der ganzen Wohnung Staub und putzte die Fußböden.

Ich kann mich noch an das wunderbare Gefühl erinnern, als die ehemals hübsche Wohnung wieder als solche zu erkennen war. Ich war mit meinem Werk voll und ganz zufrieden.
Meine Tochter war bisher völlig überfordert gewesen und hatte nicht mehr gewusst, wo sie anfangen sollte. Jetzt hatte ich ihr den Weg zu einem Neuanfang geebnet.

Nach ihrem Urlaub würde sie gut erholt zurückkehren und könnte wesentlich entspannter sein!

Von London aus rief sie mich beinahe täglich an und fragte hin und wieder, ob ich in ihrer Wohnung gewesen sei!
Nein, natürlich nicht!!! Wie käme ich dazu?

Soll ich dir etwas sagen?
Je näher der Termin ihrer Rückkehr kam, desto mulmiger wurde mir!

Ja, ich hatte es wirklich nur gut gemeint und wollte sie unterstützen und ihr helfen. Dies war an sich ja nichts Schlechtes. Schlecht war allerdings, dass ich dabei ihr Vertrauen missbraucht hatte!!!

War ich noch ganz bei Trost gewesen?
Was hatte mich denn da geritten?
Wäre sie wirklich so begeistert wie ich hoffte, oder würde sie mir eine Szene machen?
Würde sie meine Beweggründe verstehen?

Gedanklich spielte ich immer wieder die verschiedenen Möglichkeiten ihrer Reaktion durch:

- sie wäre überaus dankbar und sehr gerührt, dass ich ihre ganze Arbeit übernommen hatte, während sie es sich hatte gutgehen lassen..
  PERFEKT

- sie wäre höchst erstaunt beim Anblick ihrer Wohnung, kurzfristig sprachlos und anschließend überglücklich...
  WUNDERBAR

- sie würde noch mit ihrem Koffer in der Hand ausrasten und mich wüst beschimpfen, dass ich mich nicht an die Vereinbarung gehalten hatte und ihren Schlüssel zurück fordern...
  SUPERGAU

Möglich waren alle Varianten, doch nur mit den ersten beiden konnte ich leben! Sollte die dritte Realität werden, bekäme unser Verhältnis einen ganz tiefen Riss. Dies war wirklich das Allerletzte, was ich wollte!
Ich hatte doch gesehen, wie überfordert Janie in letzter Zeit war und wie sie sich fühlte. War es da nicht legitim, einmal ein Versprechen zu brechen um ihr zu helfen?!

Wie auch immer: ich hatte diese Entscheidung getroffen, nun musste ich auch mit den Konsequenzen leben.
Ändern konnte ich eh nichts mehr, oder sollte ich etwa ihre ganze Wäsche zerknüddeln und auf mehreren

Haufen in der Wohnung deponieren, ihr Geschirr wieder überall in der Küche verteilen, ein paar Säckchen Schmutz draußen von der Straße einsammeln und zart überall auf dem Fußboden verstreuen oder ein paar klebrige Flaschenränder auf dem Tisch produzieren???

Was auch immer ich getan hätte, es wäre aufgefallen.

Also in der Nacht vor ihrer Rückkehr schnell einige Tropfen Baldrian geschluckt und mir einige nette Begrüßungsworte zurechtgelegt, danach konnte ich nur noch hoffen...

Was soll ich sagen?
Unmittelbar nach Janie´s Ankunft bekannte ich mutig Farbe und berichtete, was ich getan hatte.
Sie war zwar im ersten Moment nicht gerade begeistert, doch als sie ihre Wohnung betrat leuchteten ihre Augen und sie strahlte! Anscheinend war sie doch sehr begeistert und freute sich.
Ich war überglücklich!
In diesem Augenblick war ich einfach nur unglaublich erleichtert und dankbar, dass meine Tochter mir meinen Verrat nicht zu übel genommen hatte. Ich schwor mir, nie wieder ihr Vertrauen zu missbrauchen!

Ab jetzt würde es wieder aufwärts gehen.

Puh, wieder eine - diesmal äußerst emotionale und anstrengende - Hürde genommen...

KAPITEL 21

In der folgenden Zeit hatte Janie ihren Haushalt
einigermaßen im Griff.
Natürlich war da meiner Meinung nach noch jede Menge
Luft nach oben, doch ich hielt mich mit Bemerkungen
oder Kritik zurück!
Neben ihrem stressigen Job nahm sie noch an
Fortbildungen teil und legte weitere Prüfungen ab.

Sie selber spürte zunehmend, dass die Beschäftigung in
der häuslichen Intensivpflege dauerhaft nicht ihren
Vorstellungen entsprach und zu unserer großen
Erleichterung wechselte sie zurück in die mobile Pflege.
Vollkommen freiwillig verzichtete sie so auf etwa ein
Drittel des bisherigen Gehaltes, doch dafür bekam sie
unendlich viel Lebensqualität, und das alleine zählte.
Endlich keine Nachtdienste mit Energydrinks mehr, keine
Einzelbetreuung und keine Zwölfstundendienste.
Dafür wieder eine Tätigkeit im erlernten Beruf als
Altenpflegerin.

Ich hätte vor Freude Luftsprünge machen können!

Ab sofort sollten doch nahezu die meisten Hürden
genommen sein und mein Kind würde in ihrem Leben als
junge, erwachsene Dame durchstarten.
Sie hatte einen Job der ihr Spaß bereitete, ein geregeltes
Einkommen, eine schöne Wohnung, ein Auto, kurzum:
hier hätte das Buch enden können...

HÄTTE...

Es wäre nicht mein Leben und das meiner Tochter, wenn nicht wieder etwas schiefgelaufen wäre, was mich an den Rand des Wahnsinns getrieben hätte...

Es gab Momente, in denen ich kurz davor war, mich freiwillig und auf direktem Wege selber in die Klapsmühle einzuweisen!

Du kennst es sicherlich auch noch von früher bei Monopoly:
" Begeben sie sich direkt in das Gefängnis. Gehen sie nicht über los, ziehen sie keine viertausend Mark ein!"

Gute Idee...
„Anna, begebe dich direkt in die Klapsmühle, gehe nicht gemütlich durchs Leben und genieße keine Ruhe!"

Nein, natürlich nicht.
Ich doch nicht.
Das wäre ja langweilig!

Mir blieb aber irgendwie auch wirklich gar nichts erspart!

Nicht zum ersten Male hatte ich mich zu früh gefreut und die Rechnung ohne die Psyche meiner Tochter gemacht.

Bestimmt fragst du dich gerade, was denn nun schon wieder los war?!
Wenn du noch ein paar Minuten Zeit hast, kann ich es dir

gerne erzählen!

Wie wäre es, wenn du dir vorher kurz noch ein wenig Nervennahrung besorgst? Kann ja nicht schaden, habe ich in den letzten Jahren auch öfter gebraucht! Hätte ich nebenbei bemerkt nicht das Problem, grundsätzlich nicht viel essen zu können, könnte man mich wahrscheinlich inzwischen schon durchs Leben rollen. Aber so hat sich diese nervenaufreibende Zeit zumindest nicht auf meine Figur ausgewirkt. Etwas Glück braucht der Mensch!

Wenn du bereit bist, erzähle ich dir jetzt die Geschichte...

Du weißt ja, dass Janie durch ihre Tätigkeit in der häuslichen Intensivpflege unglaublich viel Geld verdient hatte.
Tolle Sache, zu der Zeit konnte sie sich wirklich alles leisten, und das tat sie auch ausgiebig. Das Internet ist eine wahrlich tolle Erfindung. Egal wie ausgelaugt man ist, kaufen geht zu jeder Zeit und von überall aus.
Eine stabile Verbindung und ein Smartphone, Tablet oder Laptop reichen. Dann gemütlich die Füße hochgelegt, ein paar leckere Knabbereien parat gestellt und schon kann´s losgehen...
Überwältigend, was es im weltweiten Netz so alles gibt! Da lässt eine junge Dame sich äußerst schnell verführen und verfällt in einen regelrechten Kaufrausch. Zwei bis drei Klicks - geht rasend schnell und tut auch gar nicht weh - , schon sind die tollsten Dinge auf dem Weg zu einem nach Hause.

Wenige Tage später klingelt der nette Postbote und bringt ein Päckchen, super…

Meine Tochter hatte seit Jahren schon hin und wieder etwas im Internet bestellt, und dagegen war auch absolut nichts einzuwenden.
Wenn es bei „hin und wieder" geblieben wäre!!!

Da sie jedoch seit einiger Zeit alleine wohnte hatte niemand von uns bemerkt, dass sie inzwischen eine Art Kaufsucht entwickelt hatte!!!
Wie auch, wir bekamen nicht mit, wie oft und wie viel sie wirklich bestellte. Wir hatten uns zwar über die Menge an leeren Kartons bei ihr gewundert, doch auf Nachfragen hatte sie uns einige durchaus plausible Erklärungen dafür geliefert.

So nahm das Verderben seinen Lauf, und wir bemerkten schon wieder eine Veränderung an Janie.

Sie wurde immer ruhiger, teils sogar nahezu apathisch, und wir sahen sie immer seltener.
Bei mir schrillten alle Alarmglocken!
Ich wusste ganz genau, dass etwas nicht stimmte, doch meine Tochter wich mir bei jedem Gesprächsversuch aus.
Laut ihrer Aussage war immer alles in bester Ordnung…
Ich wusste, dass dies nicht der Wahrheit entsprach, doch sie rückte nicht mit der Sprache heraus und ich konnte und durfte sie keinesfalls unter Druck setzen oder sie bedrängen.
Meine Sorgen wuchsen von Tag zu Tag, aber mir waren die Hände gebunden und ich konnte nichts anderes

machen als hilflos abwarten.

Was war los mit ihr?
Hatte sie Probleme?
Hatte sie etwas „verbockt"?
War sie unglücklich?
War etwas passiert?
...

Ich fand keine Erklärung, und aus ihr war lange nichts
herauszubekommen. Sogar unser Allheilmittel heiße
Schokolade brachte nicht den gewünschten Erfolg. Es war
zum Haare raufen.

Verstehe mich bitte nicht falsch. Ich wollte loslassen,
keine Frage, doch wie konnte ich es wenn ich spürte, dass
sich etwas anbahnte? Es war Gefahr im Verzug, nur in
welcher Form? Ich hatte wirklich gedacht, nach dem
Wechsel des Arbeitsplatzes wäre alles in Butter.

Nach einigen quälend langen Wochen machte Janie erste
kleine Andeutungen, die ich zunächst einmal nicht
einordnen konnte. Sie gab zu, Probleme zu haben, die sie
jedoch alleine lösen wollte. Um welche Probleme es sich
handelte, darüber ließ sie uns im Unklaren. Ich erinnerte
sie noch einmal daran, dass ihr Vater und ich jederzeit für
sie da waren und sie unterstützen und ihr helfen würden.
Konnte ja nicht schaden.
Egal was sie gerade belastete; wir würden sie niemals
alleine mit ihren Sorgen lassen. Sie musste sich uns

lediglich anvertrauen. Den richtigen Zeitpunkt dafür bestimmte sie selber, und bis dahin hieß es abwarten.

Ich bin von Natur aus ein Mensch, der alles hinterfragt und jedem noch so kleinen Problem auf den Grund gehen möchte, was für meine Mitmenschen mitunter ziemlich nervig und anstrengend sein kann.
Was die Sorgen meiner Tochter anging, zermarterte ich mir unentwegt den Kopf, kam jedoch zu keinem Ergebnis. Ich war absolut ratlos. Es gab für jedes Problem eine Lösung, doch dazu hätte ich das Problem erst einmal kennen müssen!

Die Zeit der Ungewissheit hat mich beinahe wahnsinnig gemacht, doch urplötzlich brach vollkommen unerwartet alles aus Janie heraus.
Wir waren gemeinsam in der Stadt unterwegs und sahen eine nette Kleinigkeit, die ihr sehr gut gefiel. Auf meinen Kommentar, dass sie es sich kaufen solle meinte sie lediglich:

„Das geht nicht Mama, ich habe kein Geld."

Wie kein Geld? Wieso nicht? Es war erst Anfang des Monats, das konnte nicht sein. War ihr Gehalt vielleicht noch nicht überwiesen worden? Dies wäre nicht tragisch, ich würde ihr etwas Geld leihen. Kein Problem.

Als ich sie ansah bemerkte ich, dass sie völlig verzweifelt mit den Tränen kämpfte!

Diesen Anblick werde ich voraussichtlich nie mehr vergessen können. Es brach mir das Herz und mir wurde ganz elendig.

Ich nahm sie kurz in den Arm, beließ es ansonsten kommentarlos dabei und Zuhause führten wir ein langes Gespräch, in dem meine „Kleine" sich alles von der Seele redete!

Ihre Kaufsucht hatte begonnen, als sie so unglaublich viel verdient und keinen geregelten Tagesrhythmus hatte. Wann immer sie schlaflos in ihrem Bett gelegen hatte, war sie ins Internet gegangen und hatte bestellt, bestellt, bestellt! Zu Beginn empfand sie noch ein Glücksgefühl wenn die Pakete eintrudelten, doch mit der Zeit ging es ihr nur noch um den Kick des Bestellens. Die Kartons blieben immer häufiger ungeöffnet.

Als sie dann den Arbeitsplatz wechselte und weniger verdiente - immer noch viel, doch wie bereits erwähnt etwa ein Drittel weniger als zuvor - hatte sie den Absprung nicht mehr geschafft und unvermindert weiter online eingekauft! Im Laufe der Zeit hatte sie zuerst ihr Girokonto bei der Bank abändern lassen von einem Guthabenkonto in ein Konto mit einem Dispositionskredit. Als dieser ausgeschöpft war, hatte sie ihn erhöhen lassen, und dies gleich mehrfach. Als auch das irgendwann nicht mehr ausreichte begann sie, sowohl Ratenkäufe zu tätigen als auch Käufe mit dreimonatiger Zahlpause.

Da alles so schrecklich war, hatte sie sich zwischendurch auch noch ganz spontan einen dreitägigen Kurztrip nach Griechenland gegönnt (trotz bereits einiger Schulden zu der Zeit, wie ich jetzt erfuhr. Ich hatte damals gedacht, sie hätte dafür Geld zurückgelegt).

Nachdem sie zusätzlich im Kaufwahn auch noch in eine hinterlistige Abofalle getappt war, hatte sie komplett

den Überblick verloren und wusste nicht mehr weiter!!!

Aus Scham hatte sie all die Zeit versucht, ihre Sorgen vor uns zu verbergen und verzweifelt nach einem Ausweg aus ihrer Misere gesucht.

Während sie mir alles beichtete vermied sie jeden Blickkontakt zu mir, und Tränen rannen ihr über die Wangen. Sie fühlte sich als Versagerin.

Zu sagen ich wäre geschockt gewesen über das eben Gehörte wäre extrem untertrieben!
Ich war sprachlos, traurig, verletzt, verzweifelt, enttäuscht, wütend,... alles auf einmal!

Aber vor allen Dingen war ich eines: Ihre Mutter!!!

Janie war meine Tochter und sie brauchte mich!

Sie brauchte meine Hilfe, meine Unterstützung, meinen mütterlichen Rat, meine bedingungslose Liebe, mein Verständnis, meine Schulter zum Anlehnen, meine Hände um ihre Wangen zu streicheln, meine Arme um sie ganz feste zu drücken, meine Lösungsvorschläge, meine Finanzberatung, finanzielle Hilfestellung, ...

Es tat unfassbar weh, sie so leiden zu sehen. Sie saß
neben mir wie ein Häuflein Elend und urplötzlich war sie
wieder meine Kleine.

War sie erwachsen? Noch lange nicht!
War sie selbstständig? Ja!
Hatte sie ihr Leben im Griff? Nein!
Brauchte sie mich noch? Ja!
Kam sie schon alleine klar? Nein!
Konnte sie jederzeit bedingungslos auf mich zählen? Ja!

Während des schonungslosen Gesprächs und auch noch
hinterher weinten wir zusammen und ich versprach ihr,
dass alles wieder gut werden würde.
Das Kind war in den Brunnen gefallen, doch ich würde sie
wieder heraus holen.
Ich hatte unzählige Kommentare auf den Lippen, doch
Vorwürfe waren das Letzte, was Janie jetzt brauchte...

Ich hätte natürlich sagen können:
- das war doch abzusehen...
- was um Gottes Willen hast du dir nur dabei gedacht?...
- bist du denn von allen guten Geistern verlassen?...
- rechnen kannst du aber schon noch, oder?...
- was wolltest du überhaupt mit diesen ganzen Sachen?...
- warum hast du Dinge gekauft, die du gar nicht
  brauchst?...
- wieso verdirbst du dir so deine Zukunft?...
- dein Problem, sieh zu wie du aus dem Schlamassel
  heraus kommst...

- du wolltest doch unbedingt so selbstständig sein…
- du warst doch der Meinung, alles alleine zu können…
- …

Ach ja, ich hätte unglaublich viel Negatives sagen und Janie damit noch mehr ins Unglück stürzen können. Und ehrlich gesagt wäre es auch wirklich angebracht gewesen bei soviel Dummheit, doch gebracht hätte es nichts. Hier halfen weder Vorwürfe noch dumme Kommentare und auch nicht eine Mutter mit erhobenem Zeigefinger. Meine Tochter war sich selber durchaus bewusst, was sie angerichtet hatte und es war ihr schon schwer genug gefallen, sich mir anzuvertrauen. Hätte sie noch einen anderen Ausweg gesehen, würde ich immer noch im Dunklen tappen und grübeln was mit ihr los war. OK, jetzt wusste ich es, doch damit hatte ich nicht im Entferntesten gerechnet!!!

Ich war immer noch wie gelähmt und wäre am liebsten ins Bett gegangen, hätte mir die Decke über den Kopf gezogen und die ganze Welt ausgeblendet. Oder vielleicht noch besser: wie wäre es mit auswandern und völlig neu fern der Heimat und ohne Probleme ein neues Leben beginnen?! Kurzfristig war dies ein sehr verlockender Gedanke, doch schnell schaltete mein Gehirn wieder um auf den mütterlichen „du-musst-funktionieren-Modus".
Also Ärmel hochgekrempelt und nachgedacht, aber bitte zügig, es brennt…!

Nachdem ich Janie versichert hatte, dass wir eine Lösung finden und ihr helfen würden beruhigte sie sich ein wenig.

Ich glaube sie war einfach nur froh, dass es jetzt raus war und ich ihr noch nicht einmal großartig Vorwürfe gemacht geschweige denn den Kopf abgerissen hatte.

In den kommenden Tagen, Wochen und Monaten saßen wir beinahe täglich zusammen, verschafften uns einen Überblick über das ganze Ausmaß der finanziellen Katastrophe (was sich übrigens aufgrund der vielen verschiedenen kleinen Ratenkäufe und Zahlpausen bei sämtlichen Onlineplattformen und -händlern als sehr schwierig erwies), erstellten Listen und einen Haushaltsplan, führten Gespräche mit der wirklich zauberhaften Filialleiterin unserer Hausbank, wehrten uns erfolgreich gegen die hinterlistigen Machenschaften der Abofalle und kündigten oder stornierten alles was ging.

Es würde ein langer, steiniger Weg werden, doch meine Tochter würde es mit unserer Unterstützung schaffen. Sie hatte sich die Suppe selber eingebrockt, also würde sie sie auch selber auslöffeln müssen.

Das größte Problem während dieser Zeit war die Tatsache, dass Janie nicht von heute auf morgen ihre Kaufsucht besiegen konnte. Obwohl dafür kein Geld mehr zur Verfügung stand, bestellte sie dennoch noch einige Male Waren im Internet, was zu heftigen Diskussionen führte.

Zeitweise lief sie sogar Gefahr, ihre Wohnung oder den Versicherungsschutz für ihr Auto zu verlieren, da sie das dafür benötigte Geld anderweitig ausgegeben hatte! Kapierte sie es denn noch immer nicht???

Wir übernahmen leihweise diese dringend notwendigen Kosten, schlossen jedoch über die Rückzahlung ganz hochoffiziell einen Vertrag ab!
Sie musste einfach lernen, dass sie nicht über ihre Verhältnisse leben durfte. Da war es egal, ob wir ihre Eltern waren oder nicht. Außerdem waren wir noch so nett und gewährten ihr für die Rückzahlungen einen Aufschub, bis sie das Schlimmste überstanden hatte und genehmigten zusätzlich noch Ratenzahlungen. Diese Lösung hielten alle für angebracht und praktikabel.
Unsere Devise war: unterstützen ja, ihre Kosten übernehmen nein!!!

So richtig zur Besinnung kam Janie jedoch erst, als die Ehe mit ihrem ersten, heißgeliebten Auto vom TÜV geschieden wurde und von einem Tag auf den nächsten ein anderes Auto her musste! Sie brauchte zwingend einen Wagen, da bei uns der öffentliche Nahverkehr leider nicht so hervorragend ausgebaut ist wie in Großstädten.
Wie es der Zufall wollte, fand ich noch am gleichen Tag einen identischen Wagen wie ihr bisheriger. Mit soviel Glück hätte ich nun wirklich nicht gerechnet und wir griffen sofort zu. Das Geld streckten wir erneut mit einem Vertrag vor unter der Bedingung, dass sie keinerlei Onlinekäufe mehr tätigte. Wir behielten sowohl einen Schlüssel als auch die Autopapiere im Original und

würden das Auto bei der ersten Zuwiderhandlung kommentarlos abholen und verkaufen. Es brach mir das Herz, mein Kind auf diese Weise unter Druck setzen zu müssen, doch ihr öffnete es anscheinend endgültig die Augen!

Ab diesem Moment hielt meine Tochter sich ohne Diskussionen freiwillig an sämtliche Vereinbarungen, bestellte nichts mehr im Internet und kam allen aufgelaufenen monatlichen finanziellen Verpflichtungen regelmäßig nach. Sie schaffte es sogar, wieder jeden Monat einen - vorerst kleinen - Betrag anzusparen für unvorhergesehene Ausgaben, Reisewünsche oder ähnliches.

Wie bereits erwähnt, würde es ein langer und steiniger Weg werden und sie hätte noch eine ganze Weile die Konsequenzen ihres unüberlegten Handelns zu tragen, doch langsam war wieder Licht am Ende des Tunnels zu sehen und es ging stetig aufwärts.

KAPITEL 22

Noch heute spürt Janie die Auswirkungen ihrer Kaufsucht, doch bald ist es geschafft und eines Tages wird diese Zeit nur noch eine Erinnerung in ihrem Leben sein, die langsam verblasst!!!

Meine Tochter wird immer erwachsener, und unser Verhältnis ist wieder - nahezu - ungetrübt.
Wir führen sehr gute Gespräche, lachen zusammen, genießen gemeinsame Unternehmungen, gehen sehr herzlich miteinander um, erzählen uns Geheimnisse oder suchen Rat bei der Anderen.

Ich kann nicht sagen, ob mein Kind dauerhaft seine Kaufsucht besiegt hat.
Ich weiß auch nicht, ob Janie zukünftig die Wohnung immer perfekt in Ordnung halten oder sich eines Tages wieder gesund ernähren wird.

Aber eines weiß ich mit Bestimmtheit:
Meine Tochter ist eine starke junge Frau, die ihren Weg finden wird. Sie wird ihr Leben lang ehrgeizig ihre Pläne verfolgen und niemals aufgeben.

Sie will, sie kann und sie wird!

Wie jeder Mensch, so wird auch sie noch viele falsche Entscheidungen im Leben treffen und Fehler machen. Einige werden belanglos sein, andere vielleicht etwas schwerwiegender, doch solange sie sich immer auf ihre Werte und ihren gesunden Menschenverstand besinnt wird alles gut werden.

Am Ende wird alles gut, und wenn es noch nicht gut ist, so ist es noch nicht das

E N D E

EPILOG

In diesem Buch habe ich mir viele Gefühle von der Seele geschrieben, die ich meiner geliebten Tochter zu „verdanken" habe.

Seit beginn ihrer Pubertät sah ich mich plötzlich mit unerwartet vielen Problemen, Selbstzweifeln und schlaflosen Nächten konfrontiert.

Unzählige Male habe ich mich gefragt, was ich falsch gemacht habe und ob alles meine Schuld ist.

Ich habe zu jeder Zeit mein Bestes gegeben in der Überzeugung, das Richtige zu tun. Im Nachhinein betrachtet würde ich heute in manchen Situationen anders handeln, doch ich kann meine Entscheidungen nicht mehr revidieren.

Nicht nur unsere Kinder lernen von uns, sondern auch wir können viel von ihnen lernen.

Ich für meinen Teil habe in den letzten aufregenden Jahren durch meine Tochter gelernt, in vielen Situationen gelassener zu reagieren.

Vieles, was im ersten Augenblick wie ein Weltuntergang wirkt, erweist sich nach kurzer Zeit als nicht wirklich dramatisch!

Danke Janie!!!

Und damit komme ich auch schon zu meinen Danksagungen, die mir wirklich noch sehr am Herzen liegen:

Zuallererst möchte ich mich bei Janie bedanken, die der Hauptgrund für die Entstehung dieses Buches und die Hauptperson ist!

Ich danke dir von Herzen, dass du dein Einverständnis zu diesem Buch gegeben hast! Ich durfte vieles aus deinem Leben preisgeben und dadurch meine Sorgen und Zweifel verarbeiten!
Ich bin sehr stolz auf dich und liebe dich über alles!!!

Außerdem bedanke ich mich ganz herzlich bei meinem Mann, der meine ganzen schwankenden Stimmungen der letzten Jahre klaglos ertragen und mich immer wieder aufgebaut hat.

Und dann möchte ich mich noch bei dir bedanken liebe Leserin, dass du dir Zeit für mich genommen hast.